Ju-Jutsu 2

FALKEN-BUDO-BIBLIOTHEK

W. Heim / F. J. Gresch

Ju-Jutsu 2
Für Fortgeschrittene und Meister

Völlig überarbeitete Auflage

Weitere Techniken findet der interessierte Jujutsuka in den FALKEN Büchern:
„Ju-Jutsu 1. Grundtechniken — moderne Selbstverteidigung" (160 S., Nr. 0276)
„Ju-Jutsu 3. Spezial-, Gegen- und Weiterführungstechniken" (216 S., Nr. 0485)
„Ju-Jutsu als Wettkampf" (168 S., Nr. 0826)
Siehe auch die Anzeigen auf den Seiten 158 — 160.

CIP-Titelaufnahme der Deutschen Bibliothek

Heim, Werner:
Ju-Jutsu / W. Heim; F.J.Gresch. – Niedernhausen/Ts.: Falken-Verl.
  (Falken Bücherei: Falken-Budo-Bibliothek)
  Teilw. mit Erscheinungsort Wiesbaden
NE: Gresch, Franz J.:
2. Für Fortgeschrittene und Meister. – Völlig überarb. Aufl. – 1988
  ISBN 3-8068-0378-1

ISBN 3 8068 0378 1

© 1977/1988 by Falken-Verlag GmbH, 6272 Niedernhausen/Ts.
Abbildungen: F. J. Gresch, W. Heim, N. van Sost
Umschlagfoto: Antonietti
Die Ratschläge in diesem Buch sind von Autor und Verlag sorgfältig erwogen und geprüft, dennoch kann eine Garantie nicht übernommen werden. Eine Haftung des Autors bzw. des Verlages und seiner Beauftragten für Personen-, Sach- und Vermögensschäden ist ausgeschlossen.
Gesamtherstellung: Wiesbadener Graphische Betriebe GmbH, 6200 Wiesbaden

Inhaltsverzeichnis

Zum Geleit

Über die Notwendigkeit der Selbstverteidigung in unserer Zeit schrieb der Polizei-präsident in Wiesbaden, Dr. Ender, am 20. Dezember 1974 an den Präsidenten des Judo-Club Wiesbaden 1922 e.V., Herrn Werner Heim:

Die Selbstverteidigung ist nicht nur für die Polizeibeamten, sondern auch für jeden Bürger eine Sache, mit der man sich *unbedingt* beschäftigen sollte.

In diesem Sinne, Glückauf für Ihre Arbeit!

Mit freundlichen Grüßen

Wichtiger Hinweis

Das Buch ist nach dem Stand des Ju-Jutsu-Prüfungsprogrammes von 1. Januar 1987 aktualisiert worden. Es enthält darüber hinaus noch weitere Techniken, die für die realistische Selbstverteidigung auf der Straße nützlich sind.
Bitte, beachten Sie die Orientierungshilfe am Ende des „Vorwortes der Verfasser".

Vorwort der Verfasser

Ju-Jutsu, das neue System der Selbstverteidigung im Deutschen Judo-Bund e.V. (DJB), ist inzwischen — nachdem es bis 1971 unter dem Protektorat des Deutschen Dan-Kollegiums e.V. (DDK) maßgeblich von uns entwickelt und in unserem ersten Lehrbuch in der Falken-Bücherei vorgestellt wurde — in Deutschland weit verbreitet. Rund 1900 Ju-Jutsu-Danträger (Meister des schwarzen Gürtels) lehren diese Selbstverteidigung erfolgreich in Kursen für Tausende von Mitgliedern und Schülern in Vereinen und Schulen, an Universitäten und Volkshochschulen, beim Bundesgrenzschutz, bei der Polizei und Bundeswehr.

Durch dieses zweite Lehrbuch soll die erfreuliche Entwicklung weiter gefördert werden; es kann ebenso dem Fortgeschrittenen für das persönliche Training dienen wie dem Lehrer bzw. Übungsleiter für die Gestaltung seines Unterrichts.

Das Buch vermittelt den Lehrstoff des 2. und 1. Kyu-Grads sowie des 1. und 2. Dan(Meister)-Grads nach der gültigen Prüfungsordnung des DDK, setzt also mit diesen Programmen für Fortgeschrittene die im ersten Buch vermittelte Grundschule (bis 3. Kyu-Grad) fort.

Wir entsprechen damit dem Wunsch vieler aktiver Ju Jutsuka und Leser des ersten Lehrbuchs. Ihnen allen wünschen wir weiterhin gute Erfolge bei der Erlernung bzw. Vervollkommnung von Ju-Jutsu.

Unser Dank gilt allen Mitarbeitern, die uns bei der Gestaltung dieses Buches unterstützt haben, insbesondere Diplom-Sportlehrer Erich Reinhardt (6. Dan JJ), aus dessen Diplomarbeit „Eine Darlegung und Untersuchung über die moderne Selbstverteidigungssportart Ju-Jutsu" (Mainz 1974) wir die Kapitel „Konditions- und Härtetraining im modernen Ju-Jutsu" sowie „Die spezielle Biomechanik der Ju-Jutsu-Techniken" vollinhaltlich wiedergeben durften. Die Ausführungen über Biomechanik tragen nicht nur zum tieferen Verständnis der fundamentalen Grundlagen der Bewegungslehre sowie der Prinzipien des Ju-Jutsu bei, sie geben vor allem den Übungsleitern und Budolehrern Anregungen hinsichtlich einer wissenschaftlichen Fachliteratur, wie sie bisher in den Budosportarten fehlte.

Nichts ist beständiger als der Wandel. So haben über längere Zeit Erkenntnisse der Bundesgruppe Ju-Jutsu im Deutschen Dan-Kollegium dazu geführt, innerhalb der Kyu- und Danprogramme einzelne Abwehrtechniken wegen ihres Schwierigkeitsgra-

des oder eines besseren Zusammenhanges mit anderen Folgetechniken umzusetzen und damit die Reihenfolge zu verändern.

Diese Veränderungen, die Erweiterung des Programmes für den 2. Dan um eine neue Wurftechnik sowie einige Begriffsänderungen bei der Benamung der Techniken sind in der neuen Auflage berücksichtigt. Soweit Techniken umgesezt wurden, die früher bei den Kyu-Programmen des 5.– 3. Grades aufgeführt waren, verweisen wir als Fundstelle auf Ju-Jutsu, Band 1.

Die Ausbildungsprogramme 5. Kyu bis 5. Dan mit der geänderten und neu gültigen Reihenfolge der Techniken sind komplett als Anhang ab Seite 150 nachzulesen.

Die Verfasser

Diese Veränderungen im Prüfungsprogramm sowie Namensänderungen bei den Techniken sind in der neuen Auflage berücksichtigt.

Orientierungshilfe:
Die Prüfungsprogramme vom 5. Kyu- bis 5. Dan-Grad sind mit der geänderten Reihenfolge der Techniken nach dem Stand vom 1. Januar 1987 als Anhang einschließlich der Prüfungsordnung und einem neuen Angriffskatalog ab Seite 150 angefügt. Sie finden dort die Techniken mit den entsprechenden Seitenzahlen dieses Buches als Orientierungshilfe zum Nachschlagen. Bitte, beachten Sie die Hinweise als Wegweiser durch dieses Buch.

Werner Heim, 6. Dan JJDDK
Franz Josef Gresch, 6. Dan JJDDK

Ju-Jutsu

Symbolischer Begriff
für die moderne Selbstverteidigung
nach dem „ökonomischen Prinzip",
mit geringstem Aufwand größten Nutzen erzielen.

Die japanischen Silben bedeuten:

Ju (Jiu) – im Deutschen gesprochen: Dschu – sanft,
geschmeidig, nachgeben im Sinne von ausweichen

Jutsu (Jitsu) – im Deutschen gesprochen: Dschuts,
das zweite „u" ist klanglos
Kunst, Kunstfertigkeit, Technik, Wissenschaft, Tat

Warum wurde im Deutschen Judo-Bund e.V. und vom Deutschen Dan-Kollegium e.V. die Bezeichnung *Ju-Jutsu* für die moderne Selbstverteidigung gewählt?

Die Bezeichnung wurde als Symbol gewählt, weil es zweifellos ein Verdienst der Japaner ist, unter dem gleichbedeutenden Begriff Jiu-Jitsu die waffenlose Selbstverteidigung – eine uralte Kriegskunst aller Zeiten und Völker in vielfältigen Variationen – im Laufe einiger Jahrhunderte entwickelt und in Europa Ende des 19. Jahrhunderts populär gemacht zu haben.

Dabei hat die geschichtliche Quellenforschung nachgewiesen, daß das Jiu-Jitsu ursprünglich auch durch Einflüsse aus Indien und China mitgeprägt wurde.

Der japanische Begriff Jiu-Jitsu heißt die „sanfte Kunst", und Professor Jigoro Kano, der Vater des Judo, bezeichnete Jiu-Jitsu als die Kunst, durch Nachgeben zu siegen – nach dem Grundsatz des möglichst wirksamen Gebrauchs von Körper und Geist.

Ju-Jutsu – unsere moderne Selbstverteidigung – basiert auf dem gleichen Grundsatz. Wir nennen als oberstes Gebot das „ökonomische Prinzip", nämlich mit geringstem Aufwand größten Nutzen in der Selbstverteidigung zu erzielen, was sich in allen Bewegungs- und Wirkungsprinzipien des Ju-Jutsu darstellt. An erster Stelle beinhaltet Ju-Jutsu also die Anwendung aller Kunstfertigkeiten und Techniken zur Überwältigung eines ernsthaften Angreifers. Dabei basiert Ju-Jutsu vorwiegend auf den Prinzipien und Elementen des Judo, Aikido und Karate, wobei andere Einflüsse nicht ausgeschlossen sind. Um Ju-Jutsu als „das Beste" in der modernen Selbstverteidigung zu erhalten, muß das System immer offen bleiben für die Integrierung neuer, geeigneter SV-Techniken – sofern sie nach dem „ökonomischen Prinzip" praktikabel sind. Deshalb wird die Entwicklung nie wirklich abgeschlossen sein können, denn zu allen Grundtechniken können immer wieder aus der Praxis heraus neue Varianten entstehen.

An zweiter Stelle ist Ju-Jutsu aber auch ein Weg zur Erziehung verantwortungsbewußter Menschen. Wer tagtäglich lebensgefährliche Techniken übt und trainiert, ohne dabei seinen Partner zu verletzen, erzieht sich zur Selbstbeherrschung und Selbstkontrolle. Dieses tägliche Fairplay in der Selbstverteidigung führt zu Sicherheit und Selbstbewußtsein, aber auch zu Rücksicht, zu Eigenschaften also, die dem Menschen helfen, im Ernstfall überlegen, kontrolliert, human und menschlich zu handeln.

Schema des Ju-Jutsu-Systems

Oberstes Gebot: *Ökonomisches Prinzip*
(Grundsatz des möglichst wirksamen Gebrauchs von Körper und Geist)

Grundprinzipien	Elemente (harte und weiche Mittel)	Formen für Übung, Training, Wettkampf

Bewegungsprinzipien:
  Ausweichen
  Nachgeben
  Nutzen der Kreiskräfte:
  Zentrifugal-
  und Zentripetalkraft
  Zug und Druck

Wirkungsprinzipien:
  Energie-
  bzw. Atemiprinzip

Vielfältigkeitsprinzip

Grundsatz der
Verhältnismäßigkeit
der Mittel

Block- und
Sperrtechniken

Atemitechniken
  (Schläge/Stöße/
  Stiche/Tritte)
Fingertechniken
Handtechniken
Ellenbogentechniken
Knie- und Kopfstöße

Abnehmen von Waffen

Hebeltechniken
  Fingerhebel
  Hand- und
  Handgelenkhebel
  Armhebel
  Genickhebel
  Beinhebel
  Fußhebel
Würgen und Scheren
Aufhebegriffe
Transportgriffe
Festlegegriffe
Wurftechniken
  Hand- und
  Schulterwürfe
  Fußwürfe
  Hüftwürfe
  Würfe aus der
  Bodenlage

Stocktechniken

Bewegungslehre

Basistraining
(Grundschule)

Kombinationen

Perfektionsschulung

Konditionstraining

Härtetraining

Freie Abwehr

Abwehr mehrerer
Gegner

Gegentechniken

Weiterführungstechniken

Kata

Sportl. Wettkampf

12

Abb. I

Abwehr mehrerer Angreifer: Handbeugetransportgriff, Fußtritt zum Gesicht

Das moderne Ju-Jutsu als optimales System einer waffenlosen Selbstverteidigung

Die Kunst der Selbstverteidigung ist so alt wie die Menschheit. Die moderne Selbstverteidigung, die wir mit dem Prädikat „optimal" auszeichnen und Ju-Jutsu nennen, ist jedoch ein Werk unserer Zeit. Nach dem Grundsatz „Aus der Praxis für die Praxis" sind in ihm die modernen Erkenntnisse aller Budodisziplinen zusammengeschlossen.

Das Werk war eine Notwendigkeit, schloß einen Kreis in der Entwicklung der letzten 70 Jahre und damit in unserer Zeit eine sogenannte Marktlücke.

Das alte Jiu-Jitsu wurde in Deutschland um die Jahrhundertwende bekannt. Es geriet in der Folgezeit immer mehr in Vergessenheit, während die modernen Budopraktiken Judo, Karate, Aikido und Kendo sich in den Vordergrund drängten.

Eine zweckdienliche Selbstverteidigung wurde aber nicht mehr betrieben. Zwar war jeder Budoka, der Judo, Karate, Aikido betrieb, davon überzeugt, ein perfekter Selbstverteidigungsexperte zu sein, was sich aber häufig als großer Irrtum erwies.

Auch das alte Jiu-Jitsu beinhaltete Techniken aller späteren Budopraktiken. Sie wurden aber in den meisten Fällen von jedem Lehrer anders ausgeführt. Es fehlten Richtlinien und ein einheitliches System, das zu entwickeln erst der modernen Selbstverteidigung vorbehalten blieb.

Alle Budopraktiken sind eine ideale Form, den Körper fit zu halten. Wie bei allen Sportarten wird auch in den Budodisziplinen das Können in fairen Wettkämpfen gemessen. Für die Selbstverteidigung in der Praxis dagegen sind sie einzelnen Arten unvollständig, also nicht ausreichend. So fehlen dem Karateka die Fallübungen, Hebel, Würfe und Würgen, dem Aikidoka und Judoka die Tritte, Stöße, Schläge und Blocktechniken. Dennoch haben die Budopraktiken für die Selbstverteidigung auch Pionierarbeit geleistet. Sie haben die Prinzipien für die einzelnen Selbstverteidigungselemente perfektioniert. Damit bilden sie die Grundlage für das moderne Ju-Jutsu, in dem alle Erkenntnisse verwirklicht sind, die aus den Budopraktiken der letzen zwanzig Jahre und aus der Wissenschaft über die biomechanischen Gesetzmäßigkeiten von sportlichen Bewegungen gewonnen wurden.

Im Ju-Jutsu werden alle Selbstverteidigungselemente nach den Prinzipien dieser Erkenntnisse praktiziert. Die Vielzahl der Elemente und Prinzipien sind in einem System geordnet, das eine kontinuierliche Ausbildung vom Schüler zum Meister gewährleistet, wobei jede Stufe in sich durch das Prinzip der Vielfältigkeit und die moderne Technik-

und Konditionsschulung einen maximalen Nutzeffekt für die praktische Selbstverteidigung beinhaltet.

Die maßgeblichen Initiatoren des neuen Ju-Jutsu sowie seine heute führenden Interpreten im DJB und DDK sind überwiegend auch Meister in anderen Budosportarten und garantieren dadurch, daß die Budoprinzipien in der Entwicklung des Ju-Jutsu und seiner Verbreitung zur höchstmöglichen Wirksamkeit gelangen.

Als wesentliche Inhalte des modernen Ju-Jutsu können 7 Punkte genannt werden:

1. Das „ökonomische Prinzip" als oberster Grundsatz der „modernen Form", nämlich der Grundsatz des möglichst wirksamsten Gebrauchs von Geist und Körper hinsichtlich der Methoden von Angriff und Verteidigung.

2. Die Bewegungs- und Wirkungsprinzipien der Budopraktiken als Grundlage für die Ausführung aller Techniken.

3. Das Vielfältigkeitsprinzip bei der Anwendung jeder Einzeltechnik gegen möglichst viele Angriffsarten.

4. Die Unterscheidung der Selbstverteidigungstechniken (der sogenannten Elemente) in „harte" und „weiche" Mittel zur angepaßten Selbstverteidigung in jeder Lage.

5. Der „Grundsatz der Verhältnismäßigkeit der Mittel" als Erziehungsgrundsatz, die Anwendung des Ju-Jutsu im Ernstfall mit den Forderungen der Menschlichkeit, Sittlichkeit und Loyalität in Einklang zu bringen und den gesetzlichen Bestimmungen gerecht zu werden.

6. Das Kombinationsprinzip, das die Selbstverteidigungstechniken weitgehend und situationsgerecht bei allen Abwehraktionen zu Wirkungskombinationen verbindet.

7. Das Technik-, Konditions- und Härtetraining zur Schaffung körperlicher Voraussetzungen nach sportlichen Grundsätzen; Ju-Jutsu als Wettkampf.

Einige Erläuterungen sind hierzu notwendig:

Zu 1: Mit geringstem Aufwand größten Nutzen erzielen ist als *„ökonomisches Prinzip"* gleichbedeutend mit einem möglichst wirksamen Gebrauch von Geist und Körper. *„Moderne Form"* der Selbstverteidigung bedeutet, daß im Ju-Jutsu die im Judo, Karate und Aikido entwickelten Prinzipien und Elemente zur wirksamsten Selbstverteidigung vereinigt sind. Alles, was in diesen Budopraktiken entwickelt wurde, ist im Ju-Jutsu als Selbstverteidigung in bezug auf Angriff und Verteidigung nach dem „Grundsatz der Verhältnismäßigkeit der Mittel" anzuwenden.

Zu 2: Die *Bewegungs- und Wirkungsprinzipien* beinhalten im einzelnen folgendes:

Für Atemi — Richtige Distanz, korrekte Technik, größte Kraft und Schnelligkeit, kürzester Weg, vitaler Punkt, kleinste Auftrefffläche, absolute Muskelanspannung im Moment der Endphase (Trägheitswiderstand des Körpers vergrößern).

Für Hebel – Schocken, Gleichgewicht brechen durch Zug, Druck oder Kreiskräfte, Griffsicherheit, ständige Schmerzbereitung mit Griff- und Gegnerkontrolle, Festlegen, sicheres Umgreifen in jeder Ausführungsphase, richtiger Wechsel vom Festlege- in Aufhebe- und Transportgriff.

Für Würfe – Gleichgewichtbrechen durch Zug, Druck oder Kreiskräfte, schneller Eingang, richtiger Einsatz des Körperschwerpunkts (Hüfte), Körperkontaktgriff, Kleidergreifen vermeiden, richtiger Griffansatz zum sofortigen Übergang in Festlegegriff.

Hierzu sei ergänzend auf das Kapitel über die „spezielle Biomechanik der Ju-Jutsu-Techniken" hingewiesen.

Zu 3: *Das Vielfältigkeitsprinzip* (vgl. das entsprechende Kapitel) setzt vor allem voraus, daß die Abwehrtechnik in der Grundschule richtig beherrscht wird. Erst dann sind die variablen Eingänge zu üben, die uns in der Anwendung der Technik „in jeder Angriffslage" sicher machen sollen.

Zu 4: Wir unterteilen die Selbstverteidigungstechniken in „*harte und weiche*" Mittel. Damit haben wir Möglichkeiten geschaffen, sowohl entsprechend der Heftigkeit und Gefährlichkeit des Angriffs als auch der persönlichen Einstellung zur Gewaltanwendung die passende Abwehr auszuwählen. Der Verteidiger muß sich also im Ernstfall entscheiden und wird in der Regel die Technik wählen, die ihm liegt und die er unter Beachtung des „*Grundsatzes der Verhältnismäßigkeit*" anwenden darf.

Zu 5: Dieser „*Grundsatz*" ist in der Selbstverteidigung ein Appell an das Verantwortungsbewußtsein des Menschen schlechthin. Jeder muß in verschiedensten Situationen nach bestem Wissen und Gewissen selbst entscheiden, welche Mittel er in welchem Verhältnis einem rechtswidrigen Angriff entgegenzusetzen hat. In einer lebensbedrohenden Situation ist er natürlich – wenn andere Mittel keinen Erfolg versprechen – durchaus berechtigt, auch lebensgefährliche Selbstverteidigungstechniken anzuwenden. Dabei sind die gesetzlichen Bestimmungen über Notwehr und Nothilfe zu beachten (vgl. das ausführliche Kapitel in Band 1). Vom materiellen Inhalt her enthält das Ju-Jutsu-System alle Möglichkeiten einer erfolgreichen Selbstverteidigung. Seine humane Handhabung kann sich nur dann nach den Gegebenheiten der Gefahrensituation richten, aus der heraus immer der einzelne Mensch zu entscheiden und die Konsequenzen voll zu verantworten hat.

Zu 6: *Das Kombinationsprinzip* ist ebenfalls eine Besonderheit in unserem System; denn in der praktischen Selbstverteidigung sind Kombinationen unerläßlich. Einem Angriff kann man nur erfolgreich begegnen, wenn man reaktionsschnell über die richtige Abwehr verfügt. Diese Abwehr entwickelt sich aus unbewußtem Handeln umso er-

folgreicher, wenn man für alle möglichen Situationen Spezialkombinationen intensiv trainiert hat, so daß sie gewissermaßen in Fleisch und Blut übergegangen sind. Je mehr Programme (für Kyu-Grade und Dan-Grade) dem Ju-Jutsuka geläufig werden, desto größer werden seine Variationsmöglichkeiten.

Auf Kombinationen werden wir ausführlich in einem der folgenden Kapitel zurückkommen.

Zu 7: Damit die erlernten Selbstverteidigungstechniken beim Schüler im Ernstfall auf der Straße nicht zu einem Fehlverhalten mit folgenschwerer Selbstüberschätzung führen, werden im Ju-Jutsu-Training die *Grundsätze einer modernen Technik- und Konditionsschulung* angewendet.

In mehreren Stufen lehrt diese Trainingsmethodik jede einzelne Technik der Grundschule bis hin zur reflexiven Selbstverteidigung in Kombinationen gegen freie Angriffe mehrerer Gegner. Auf solchem Wege gelangt der Schüler über Selbstkontrolle zur absoluten Sicherheit und wird nie zu einer Selbstüberschätzung fehlgeleitet. Hierzu sei auch auf das Kapitel ,,Technik- und Konditionsschulung'' im 1. Band hingewiesen. Dieser Weg erfordert Konditionsarbeit. Selbstverteidigung kann man selten einmal mit dem kleinen linken Finger machen. Auch im Ju-Jutsu haben die Götter vor den Erfolg den Schweiß gesetzt, Selbstbetrug zeugt tote Helden.

Sinnvoll ergänzen läßt sich ein ernsthaftes Selbstverteidigungstraining durch kampfsportliche Aktivitäten in einer der Budosportarten Judo, Karate, Taekwon-Do oder auch Kendo. ,,Echtes Budo erlebt man erst im Kampf'' wird nicht zu unrecht behauptet. Nicht zuletzt aus dieser Erkenntnis heraus hat sich inzwischen Ju-Jutsu auch als sportlicher Wettkampf entwickelt, der seit 1985 in den Landesverbänden betrieben wird und ab 1. Januar 1987 offiziell auch auf Bundesebene mit Deutschen Meisterschaften zugelassen wurde.

Der Kampf vermittelt alles, was in der Selbstverteidigung gefordert wird, nämlich: Übersicht, Raumeinteilung, Distanzgefühl, kampfgerechtes Verhalten für den Einsatz der Angriffs-, Verteidigungs-, Kombinations- und Gegentechniken, Reaktion, Kondition (Kraft, Ausdauer, Schnelligkeit), Kampfgeist, Erfahrung, Selbstwertgefühl u. a.

Das neue Ju-Jutsu erfüllt also nach den gewonnenen Erkenntnissen optimal alle Ansprüche, die wir heute an eine moderne Selbstverteidigung stellen müssen – in einer Zeit, da nicht nur die Methoden des Angriffs vielfältiger und raffinierter geworden sind, sondern die Budotechniken auch in Verbrecherkreisen praktiziert werden. Das Ziel – eine optimale Selbstverteidigung zu erlernen – liegt vor uns. Der Weg dorthin soll in diesem Buch für Fortgeschrittene aufgezeigt werden. Der Erfolg gründet sich auf dem Maß unserer Bemühungen und liegt in uns selbst.

Abb. II

Abwehr mehrerer Angreifer: Handwurf gegen den 2. Angreifer

Die spezielle Biomechanik der Ju-Jutsu-Techniken

1. *Der Körperschwerpunkt (KSP)*

1.1 Der Schwerpunkt eines jeden Körpers ist der Bezugspunkt für alle bewußt und unbewußt (automatisch) gesteuerten Bewegungen. Beim Körperschwerpunkt handelt es sich um einen labilen Punkt, der sich sowohl *in* als auch *außerhalb* einer Masse befinden kann.

Der KSP ist der maßgebende Punkt für das Gleichgewicht. Wir sprechen vom guten Gleichgewicht, wenn der KSP so gelagert ist, daß der Körper sich ohne Zusatzenergie in dieser Lage halten kann.

Es gibt verschiedene Arten des Gleichgewichts:

a) *das indifferenzierte Gleichgewicht* (gute Standfestigkeit)

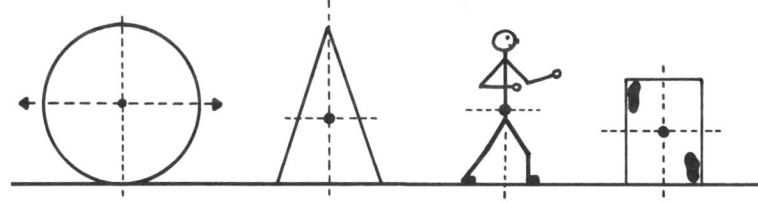

Kampfstellung bzw. Verteidigungsstellung

Der KSP liegt senkrecht über der Unterstützungsfläche, genau in der Mitte der Beine. Es ist die ideale Ausgangsstellung für Bewegungen in den Budosportarten. In dieser Stellung kann man sich je nach Bedarf bewegen, ohne größere Masseteilverlagerungen vornehmen zu müssen.

b) *stabiles Gleichgewicht* (starke Standfestigkeit)

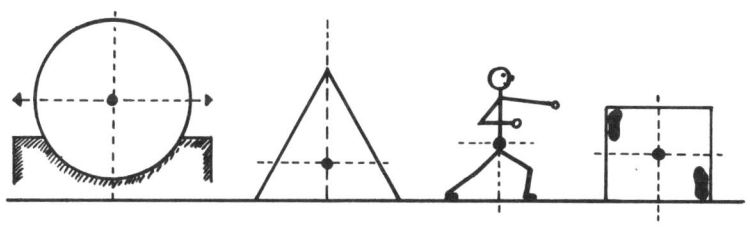

Ausführungs- bzw. Angriffsstellung, z. B. Fauststoß

Der KSP liegt hier tiefer, also näher an der Unterstützungsfläche und festigt damit das Gleichgewicht. Nimmt die Stabilität bei einer Stellung zu, so wird gleichzeitig die Bewegungsfähigkeit eingeschränkt. Sie ist deshalb als Bewegungsstellung ungeeignet.

c) *labiles Gleichgewicht* (ungenügende Standfestigkeit)

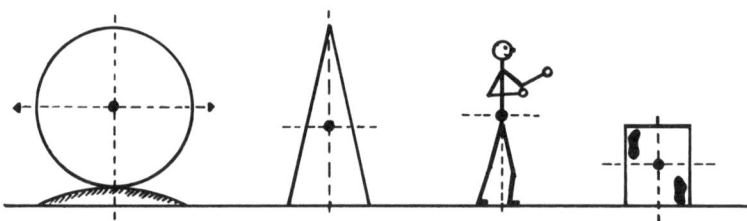

Diese Stellung wäre dann gegeben, wenn der Übende seine Verteidigungsstellung zu eng gewählt hat. Die korrekte Verteidigungsstellung, die wir allgemein anwenden, kommt der Stellung a) annähernd gleich.

Der KSP ändert seine Lage durch verschiedene äußere und innere Einflüsse. Die äußeren Einflüsse müssen jedoch mit einer weiteren fremden Masse direkt oder indirekt in Verbindung stehen. So ändert sich bei einem Sprung dagegen die Flugkurve des KSP nicht, auch nicht durch Veränderung von Masseteilen, z. B. Sprungtritt. Entscheidend für die Flugkurve ist der letzte Impuls von der festen Materie. Während des Fluges bewegen sich alle Masseteile um den KSP.

Er stellt somit den Steuerpunkt und das Massenbezugszentrum jedes Körpers dar. Ohne fremde Einflüsse ist er aber dennoch nichts als ein gedachter Punkt. Wird er jedoch durch verschiedene mechanische Bewegungen (Gehen, Springen, Drehen) beeinflußt, so ist es wichtig, daß er kontrolliert gesteuert wird.

Für die verschiedenen Bewegungsformen sind wiederum die kinematischen Ketten – Verbindungen der Gelenke miteinander durch Muskeln und Sehnen – zuständig.

Bei einer sportlichen Bewegung entstehen die Krafteinwirkungen aus der Muskelarbeit des Menschen in der Auseinandersetzung mit der Umwelt.

So führen z. B. durch den menschlichen Körper verschiedene *gedachte Achsen*:

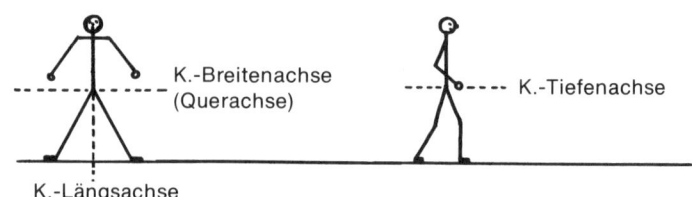

K.-Breitenachse (Querachse)

K.-Tiefenachse

K.-Längsachse

Die einzelnen Gelenke sind ebenfalls mit gedachten Achsen versehen. Um diese Achsen dreht der Mensch seine verschiedenen Masseteile; je mehr Freiheiten ein Gelenk hat oder je mehr Bewegungsachsen zusammenwirken, um so vielseitiger kann eine Bewegung durchgeführt werden.

Ein weiterer Punkt für die Beeinflussung des KSP ist die *Atmung*. Bei der Einatmung werden Zwerchfell und Brustkorb ausgedehnt und verschiedene Masseteile verändern sich – sie bewegen sich vom KSP weg, die Labilität des Körpers nimmt zu. Je näher die Teile am KSP liegen, um so stabiler wird der Stand. Bei tiefem Ausatmen nähern sich die Masseteile wieder dem Zentrum und es wird verstärkt. Außerdem wird beim Ausatmen meistens der KSP durch Beugen der Beine etwas in die Tiefe verlagert und dadurch der Stand gefestigt. Durch extreme Muskelkontraktionen wird der Körper zu einer *ganzen* und stabilen Masse, was sowohl Vor- wie Nachteile hat.

Vom Prinzip der Masseträgheit gesehen wäre dies zum Nachteil der Masse; sie kann in diesem Moment als Ganzes gesehen leichter transportiert oder bewegt werden. Im labilen Zustand dagegen (vollkommene Ausatmung – Entspannung) wird die Körpermasse träge und der KSP liegt sehr tief. (Vgl. Unterschied beim Transport einer Person im bewußten und im bewußtlosen Zustand: Die Körpermasse bleibt die gleiche, der Transport ist aber um ein Vielfaches schwieriger.)

Der Vorteil eines kompakten Körpers bei Muskelkontraktion liegt einwandfrei in der Stabilität und der besseren Steuerfähigkeit der sich bewegenden Masse.

1.2 In den asiatischen Ländern wurde dem KSP schon immer eine große Bedeutung beigemessen.

Der Japaner nennt ihn z. B. ,,Hara''; er sieht in ihm den Mittelpunkt des Menschen und das Zentrum aller Kraft.

Nach den modernen Erkenntnissen der Biomechanik ist bewiesen, daß der KSP lediglich der Bezugspunkt und nicht der Kraftvektor für jede Bewegung einer Masse oder Masseteile darstellt.

Je nach Bewegungsart kann er sowohl in als auch außerhalb des Körpers liegen.

Hier zeigen sich deutliche Gegensätze zu der asiatischen Auffassung, welche ihren tieferen Sinn aus der Religion des Zen-Buddhismus schöpft und im ,,Hara'' mehr einen geistigen Bezugspunkt sieht.

Die Behauptung der KSP (Hara) sei das Zentrum der geistigen und körperlichen Kraft, ist deshalb nur dann richtig, wenn damit das Zentrum der Steuerung aller körperlichen Bewegungen gemeint ist.

2. *Der Einsatz des Körperschwerpunkts*

2.1 Bewegungsprinzipien bei Wurftechniken und Hebel:

Der wichtigste Punkt der Bewegungslehre ist, den KSP in einer bestimmten Höhe zur Masse Boden (Erde) bei idealem Stand in alle Richtungen zu bewegen (z. B. Kampf- bzw. Verteidigungsstellung). Der KSP wird in gleichbleibender horizontaler Ebene zur Erde bewegt. Eine vertikale oder diagonale Veränderung der Bewegungsebene des

eigenen KSP nach oben oder unten erfolgt erst, wenn das Gleichgewicht des Gegners in einer der acht Grundbewegungsrichtungen eine gewisse Labilität erreicht hat. Den Abschluß einer derartigen Bewegungssteuerung kann dann ein Wurf oder ein Hebel bilden. Bei solchem Hebel oder Wurf kommt es vielfach noch zu einer Ausnutzung der sogenannten Kreiskräfte. Die Kreiskräfte in der Rotationsform wirken sich dann nach dem Zentrifugal- oder Zentripetal-Prinzip aus. Bei der Zentrifugalbewegung im Ju Jutsu beschreibt der KSP eine Spirale nach außen, bei der Zentripetalbewegung eine Spirale nach innen. Bewegt sich der Verteidiger bei der Ausführung einer Technik zentripetal, so rotiert der Angreifer zentrifugal. Beim Wechsel der Bewegungen des Verteidigers in Zentrifugal, wechselt der Angreifer automatisch in Zentripetal. Würden sich beide Körper auf den gleichen Ebenen der Kreiskräfte bewegen, so würde sich die Kraft neutralisieren und damit amortisieren.

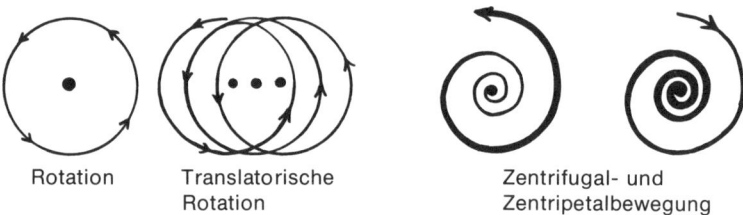

| Rotation | Translatorische Rotation | Zentrifugal- und Zentripetalbewegung |

Zentrifugal- und Zentripetalbewegungen können in allen Bewegungsebenen durchgeführt werden: horizontal, vertikal und diagonal.

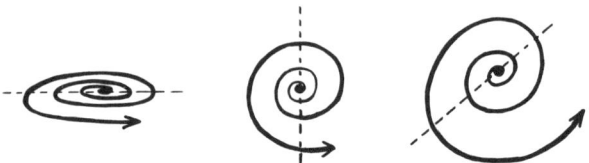

Bei den Hebeltechniken kann der KSP des Ausführenden sowohl zentripetal nah als auch zentrifugal entfernt zum Einsatz kommen. Der KSP steuert das Geschehen – ausführende Organe sind die Extremitäten – an und mit ihnen werden die verschiedenen Arten von Hebel und Würfen durchgeführt.

Bei der Ausführung von Würfen ist es vorteilhaft, wenn der eigene KSP im Moment der Ausführung unter den des Angreifers kommt.

Vergleich:

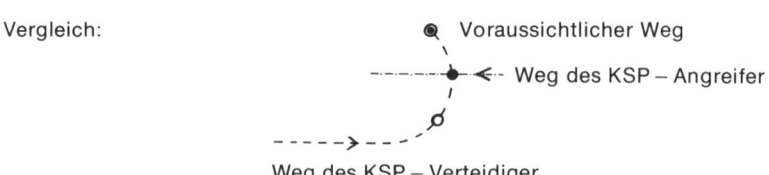

Voraussichtlicher Weg

Weg des KSP – Angreifer

Weg des KSP – Verteidiger

Ist der KSP unterlaufen und das Gleichgewicht gestört, so bestimmt der Weg des geringsten Widerstands die weitere Bewegungsrichtung (vor, zurück oder zur Seite). Kann der KSP nicht unterlaufen werden, so wird das Gleichgewicht des Angreifers durch Einwirkung auf die äußeren Extremitäten (Kopf, Arme und Beine) gestört, z. B. Ziehen an den Armen, Stoppen oder Wegfegen des sich bewegenden Beines oder Rückwärtsbeugen des Kopfes, der Schulter usw.

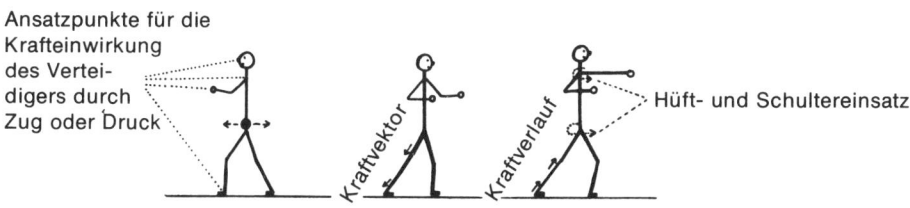

Ansatzpunkte für die Krafteinwirkung des Verteidigers durch Zug oder Druck

Kraftvektor

Kraftverlauf

Hüft- und Schultereinsatz

Je weiter diese Punkte vom KSP des Angreifers entfernt liegen, um so geringer muß der eigene Kraftaufwand des Verteidigers sein (Hebelprinzip).

2.2 Bewegungs- und Wirkungsprinzipien bei Atemitechniken:

Bei den Atemitechniken ist es sehr wichtig, daß der KSP im Verhältnis zum Stand richtig eingesetzt wird. Die ideale Bewegungsform ist, wie schon erwähnt, die Kampf- bzw. Verteidigungsstellung (indifferenziertes Gleichgewicht). In der Auftreffphase eines Atemi wäre diese Stellung jedoch unzureichend (zu schwach). Hier ist die Ausführungsstellung (stabiles Gleichgewicht) zu wählen; der KSP wird mehr in die Bewegungsrichtung verlegt und die Extremitäten (Füße) stehen im Idealwinkel zum Auftreffpunkt. Der wichtigste Impuls – der 1. Impuls für eine Atemi-Technik – kommt aus dem Bein (Fuß) und pflanzt sich über Hüfte, Schulter, Arm und Faust fort. Ist der Impuls von der festen Masse Boden auf den Körper übertragen, so hat das Bein nur noch eine ausgleichende Funktion. Die sich nach vorn zum Ziel bewegende Masse Faust muß lediglich durch den KSP weiter in der Richtung gesteuert werden. Im Moment der Kontaktaufnahme mit der fremden Masse müssen alle Gelenke von der Hüfte bis zur Faust verriegelt sein. Ein stabiler und amortisierter Kontakt zur Masse Boden mit dem Fuß ist jedoch nicht nötig; er wäre sogar fehl am Platz, da die Fremdenergie, die der Faust entgegenwirkt, voll vom Körper neutralisiert werden müßte. Dazu die beiden Möflichkeiten: Würde die fremde Masse nachgeben, käme es zu keiner eigenen Zerstörung. Im Falle des Nicht-Nachgebens wäre eine eigene Zerstörung unumgänglich (vgl. Bruchtest an einer zu festen Masse). Die Zeit der Energieübertragung auf die fremde Masse darf aus diesem Grunde nur den Bruchteil einer Sekunde betragen, wobei die Auftreffenergie genau gesteuert werden muß. Nach der Kontaktaufnahme werden alle Extremitäten sofort wieder in eine Stellung gebracht, in der sich der KSP in einer indifferenzierten Lage befindet.

Bei Fußtechniken erfolgt der Kraftimpuls aus beiden Beinen über die Hüfte in das ausführende Bein und den Fuß. Hierbei muß immer eine Drehung um die Körperlängsachse erfolgen, um einen totalen Hüft- und KSP-Einsatz zu gewährleisten. Der Oberkörper hat hier eine ausgleichende Funktion zur extremen Masseteilverlagerung durch die Beine.

Bei reinen Stoßtechniken kommt es noch zur Verlagerung des KSP in die Angriffsrichtung und Drehung um die Querachse (Fußstoß vorwärts) oder um die Tiefenachse (Fußstoß seitwärts).

Bei Atemitechniken ohne Einsatz der Beine liegt die Wirkung auf jeden Fall weit hinter denen mit Beineinsatz. Ohne Hüfteinsatz, ohne Drehung um die Körperlängsachse müssen Atemi in ihrer Wirkung daher nochmals nach unten abgestuft werden und finden Verwendung lediglich als Schocktechniken. Eine hundertprozentige harte Technik ist deshalb ohne Einsatz einer fremden Masse (Gegenreaktion des Bodens) und dem gesteuerten Einsatz des KSP mit der dahinterliegenden Masse nicht möglich.

Der KSP ist somit Bezugspunkt für alle Bewegungen; je mehr er unbeachtet bleibt, um so geringer ist die Chance, daß eine Technik einwandfrei beherrscht wird.

2.3 Hara:

Der KSP wird in Budofachkreisen als Hara oder Kraftzentrum bezeichnet, sollte jedoch andererseits nicht mystisch überbewertet werden; denn der Asiate (Zen-Buddhismus) verbindet damit einen tieferen Sinn als nur einen bestimmten Punkt. Er nennt z. B. Hara (Bauch) auch Erdmitte des Menschen, gegen die sich bei einem japanischen Selbstmord (Hara kiri) der Ansatz des Schwertstichs richtet.

Der Asiate bestimmt dieses Zentrum etwa 10 cm unterhalb des Nabels, was bei einem aufrecht stehenden Menschen einigermaßen zutrifft. Es ist aber ein Irrtum, in ihm einen festen, unbeweglichen Bezugspunkt zu sehen. Wie durch die moderne Biomechanik bekannt wurde, ist der KSP labil und nicht an den Körper gebunden; je nach Bewegungsgrad liegt er sehr oft außerhalb.

3. *Erkenntnis*

Eine sportliche Bewegung ohne Steuerung durch den KSP – bewußt oder unbewußt – ist nicht denkbar. Das ist bei der Ausführung aller Ju-Jutsu-Techniken zu beachten.

Das Vielfältigkeitsprinzip

Ziel der modernen Ju-Jutsu-Ausbildung ist, jede einzelne Verteidigungstechnik in Kombinationen gegen eine Vielzahl von möglichen Angriffen zu üben und die Bewegungsabläufe zu traumhafter Sicherheit zu entwickeln. Durch dieses System kommt der Ju-Jutsuka innerhalb jeder Ausbildungsstufe zum größtmöglichen Nutzeffekt, da ihm das Üben nach dem Vielfältigkeitsprinzip bei jeder einzelnen Verteidigungstechnik eine große Anwendungsbreite ermöglicht.

Der Fortgeschrittene wählt daraus wiederum die von ihm bevorzugten Techniken und entwickelt sie als sein Spezialsystem zur ganz persönlichen Verteidigung für den Ernstfall. Die Auswahl der Spezialtechniken richtet sich nach der individuellen Persönlichkeit, nach Größe, Gewicht, Stärke, Beweglichkeit und Neigung.

Die Programme legen also zunächst die Grundlage für eine vielseitige Selbstverteidigung in jeder Lage; sie bestimmen damit den Ausbildungsrahmen. Bei der Spezialisierung hingegen bleibt der Persönlichkeit in Auswahl und Kombination der einzelnen Techniken jede Möglichkeit offen.

Durch eine Änderung der Prüfungs- und Ausbildungsprogramme hat das Deutsche Dan-Kollegium e. V. – Bundesgruppe Ju Jutsu – das Vielfältigkeitsprinzip ab dem Programm des 3. Kyu-Grades stärker in den Mittelpunkt gestellt. Der Prüfling muß aus dem jeweiligen Programm wenigstens je 1 Atemi-, 1 Hebel-, 1 Wurf- und eine sonstige frei gewählte Technik der Prüfungskommission nach dem Vielfältigkeitsprinzip vorführen, und zwar bei der Prüfung zum

3. Kyu-Grad (grüner Gürtel) gegen drei freigewählte Angriffe,
2. Kyu-Grad (blauer Gürtel) gegen vier freigewählte Angriffe,
1. Kyu-Grad (brauner Gürtel) gegen fünf freigewählte Angriffe.

Hierauf wird bei der Darstellung der Techniken in den Programmen des 2. bis 1. Kyu-Grades noch besonders hingewiesen.

Übungshinweis:
Jede Verteidigungstechnik der nachfolgenden Programme ist in Kombinationen nach dem Vielfältigkeitsprinzip zu üben! Die entsprechenden Angriffsarten sind dem Angriffskatalog zum Prüfungsprogramm Seite 156, 157 zu entnehmen.

Das Kombinationsprinzip

Wenn eine Selbstverteidigungstechnik als Grundtechnik erlernt worden ist, soll sie bei der weiteren Schulung in Kombination mit anderen Techniken geübt werden. Solche Kombination ist als sinnvolle Verbindung von mehreren Selbstverteidigungstechniken zu verstehen, die je nach Art und Schwere des Angriffs den Angreifer mit „harten" oder „weichen" Selbstverteidigungstechniken abwehren und kampfunfähig machen sollen.

Nicht immer schafft der „erste Streich" klare Verhältnisse. Oft führt erst die zweite oder dritte Folgetechnik zum angestrebten Erfolg. Manchmal erlaubt die Situation von vornherein nicht, mit Kanonen auf Spatzen zu schießen, das heißt, nicht jeder Angriff darf z. B. mit einer gefährlichen Atemi-Technik so hart abgewehrt werden, daß der Angreifer unverhältnismäßig hoch geschädigt wird.

In der Regel setzen sich Kombinationen aus Wurf-, Hebel- sowie Schlag- und Tritt-Techniken zusammen. Für besondere Situationen eignen sich vorzugsweise nur Schlag- und Tritt-Kombinationen, insbesondere wenn es gilt, von mehreren Angreifern zuerst einmal einige auszuschalten. In anderen Fällen ist es ratsam, eine Abwehr-Kombination mit einem Festlegegriff oder Transportgriff zu beenden, um den Angreifer sicher unter Kontrolle zu halten oder ihn zur Feststellung der Personalien o. ä. abführen zu können.

Sinn und Zweck von Kombinationen sollen an folgenden Beispielen erklärt werden:
1. Wer einen von hinten umklammernden Angreifer abwehren und zusätzlich unter Kontrolle bringen will, muß zuerst die Krafteinwirkung der Umklammerung lösen, zum Beispiel durch einen Atemi-Schock oder durch einen Wurf. Nach Atemi oder Wurf müssen sich Folgetechniken anschließen, um den Angreifer mit einer Grifftechnik wehrlos am Boden festlegen zu können.
2. Wer mit einem Messer angegriffen wird, muß zuerst dem Messerstich ausweichen oder den Stich abblocken bzw. ableiten. Danach ist der Angreifer in der Regel mit einem Atemi so zu schocken, daß er die Kontrolle über seine Sinnesorgane verliert; dieser Moment der Schwäche ist für einen Wurf oder Hebel zu nutzen, um aus dieser Ausgangslage entweder eine endgültige Festlegung am Boden zu vollbringen oder den Angreifer zu entwaffnen und abzuführen.
3. Wer durch einen Stockschlag von oben angegriffen wird, kann diesen zum Beispiel abwehren, indem er nach geschicktem Ausweichen den Schlag in Bewegungsrichtung

weiterleitet, den Angreifer damit aus dem Gleichgewicht bringt und ihn durch Nutzung der zentrifugalen und zentripetalen Kreiskräfte in den Staub zwingt. Dann ist es leicht, ihn in Bodenlage mit einer Hebeltechnik festzulegen. Um den Angreifer aus dieser Stellung heraus eventuell auch abführen zu können, muß man einen Aufhebe- und Transportgriff ansetzen können, der einen gemeinsamen Spaziergang zum nächsten Polizeirevier ermöglicht. Es ist also vom Anfang bis zum Ende eine ganze Reihe von Verteidigungstechniken in sinnvoller Weise zu kombinieren.

Für Kombinationen gibt es zahlreiche Varianten, wie bei der Darstellung der technischen Programme noch gezeigt werden wird. Dabei werden auch Techniken angewendet, die bereits im ersten Band in den Programmen der 5. bis 3. Kyu-Grade als Grundtechniken abgehandelt wurden und daher nicht noch einmal besonders beschrieben werden. Es wird vorausgesetzt, daß der Leser dieses Buchs für Fortgeschrittene die Techniken des ersten Bandes kennt und beherrscht.

Graduierungen und Gürtelfarben

Charakteristisch für alle Budodisziplinen ist das besondere Prüfungs- und Graduierungswesen. Geprüfte Leistungen werden mit Kyu- und Dangraden ausgezeichnet, die den Budoka durch farbige Gürtel in Schüler und Meister unterscheiden.

Im Ju-Jutsu gelten folgende Graduierungsstufen für technische Prüfungen:

Schüler-(Kyu-)Grade:

5. Kyu – gelber Gürtel JJ
4. Kyu – orange Gürtel JJ
3. Kyu – grüner Gürtel JJ
2. Kyu – blauer Gürtel JJ
1. Kyu – brauner Gürtel JJ

Meister-(Dan-)Grade:

1. Dan – schwarzer Gürtel JJ/I
2. Dan – schwarzer Gürtel JJ/II
3. Dan – schwarzer Gürtel JJ/III
4. Dan – schwarzer Gürtel JJ/IIII
5. Dan – schwarzer Gürtel JJ/IIIII
6. Dan – rot-weißer Gürtel

Zur Unterscheidung der Dangrade 1–5 wird am Ende des schwarzen Gürtels unter dem weißen JJ (Sektionszeichen Ju-Jutsu) für jeden Dangrad ein weißer Querstreifen getragen.

Kyu- und Danprüfungen werden vor lizenzierten, prüfungsberechtigten Danträgern des Deutschen Dan-Kollegiums e. V. abgelegt. Zur Prüfung werden nur Ju-Jutsuka zugelassen, die während der vorgeschriebenen Vorbereitungszeit (jeweils mindestens 6

Monate für Kyu-Grade und 1 bis 4 Jahre für die verschiedenen Dangrade) regelmäßig trainiert haben und das Prüfungsprogramm des angestrebten Grades beherrschen. Die Prüfungsprogramme sind für Männer und Frauen gleich, ebenso die Graduierungen. Jugendliche werden in der Regel erst ab 16 Jahren im Ju-Jutsu unterrichtet und geprüft. Bereits ab 5. Kyu-Grad sind alle Techniken in der Prüfung beidseitig (links und rechts) vorzuführen. Je dunkler die Gürtelfarbe, desto mehr theoretisches Wissen und technische Fertigkeit werden vom Prüfling verlangt. Mit jedem Grad wird natürlich das Repertoire des Ju-Jutsuka größer und seine Selbstverteidigung vielfältiger. Gleichzeitig muß mit zunehmender Quantität der technischen Möglichkeiten auch die Qualität der technischen Fertigkeit steigen.

Jeder neue Gürtel bringt ein Erfolgserlebnis und setzt einen Meilenstein auf dem langen und beschwerlichen Weg vom Schüler zum Meister. Dieser Weg setzt Ausdauer, Fleiß, Mut und Härte gegen sich selbst voraus – also Eigenschaften, ohne die man das Ziel nicht erreichen kann. Das Ziel ist die äußere und innere Vollendung seines Selbst, ein Ideal, das man zwar anstrebt, aber selten erreicht. Wichtiger als das Ziel ist deshalb der ,,Weg'' dorthin.

,,In Wahrheit birgt jedes sich immerzu wiederholende Tun die Chance einer Vollendung in sich, die den, der sie erreicht, zum Meister dieses Tuns macht.'' Dieses Zitat zen-buddhististischen Gedankenguts zeigt mit dem ,,immerzu wiederholenden Tun'' die Bedeutung des ,,Weges'' in östlicher Sicht, der immerzu gegangen werden muß: Wer die Technik beherrscht und somit die äußere Vollendung erreicht hat, beginnt erst den eigentlichen Weg zur Meisterschaft, nämlich zur inneren Vollendung.

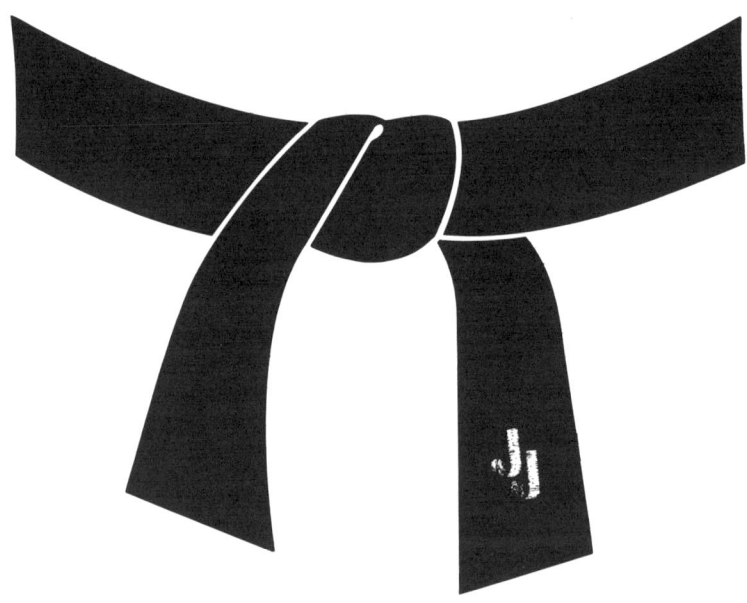

Bewegungslehre – Praktische Beispiele

Die Bewegungslehre erklärt in vielfältigen Formen
1. den „Grundsatz des Nachgebens" im Sinne von Ausweichen;
2. die Bewegungsformen im Stand und am Boden, um sich rationell zum Gegner hin und von ihm weg zu bewegen;
3. die Möglichkeiten der verschiedenen Eingänge für die Anwendung der einzelnen Atemi-, Hebel-, Wurf- und sonstigen Techniken.
Diese Bewegungslehre wurde in Band I grundlegend dargestellt.
Nachfolgende *Übungsbeispiele* sind für das Bewegungstraining zusammengestellt und auf eine Vielzahl der SV-Techniken anwendbar; sie sollten stets dem Technik-training zur Einstimmung vorangestellt werden.

1. Bewegungsform: *Körperabdrehen nach innen (KAni)*
   mit Handfegen oder Unterarmblock

Angreifer mit:
Fauststoß zum Gesicht
Stockschlag von oben
Schwinger

Verteidiger wahlweise mit:
Ellenbogenstoß seitwärts,
Faustrückenschlag,
Handaußenkantenschlag,
Handseithebel,
kleine oder große
Innensichel

2. Bewegungsform: *Körperabdrehen nach außen (KAna)*
mit Handfegen oder Unterarmblock

Angreifer mit:
Fauststoß zum Gesicht
oder Solarplexus

Verteidiger wahlweise mit:
Ellenbogenstoß vorwärts,
Handinnenkantenschlag,
Kniestoß

Stockschlag von oben

Körperrückstoß
Bauchstreckhebel

Fußtritt von vorn

Kleiner Eingangswurf,
Faustrückenschlag,
Fußrückstoß,
Beinrückzug

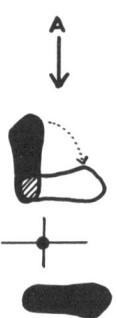

3. Bewegungsform: *Schrittdrehung nach außen (SDna)*
(2 Formen)   mit Handkanten- oder Unterarmblock

Angreifer mit:	*Verteidiger wahlweise mit:*
Fauststoß zum Gesicht oder Solarplexus	Fauststoß, Seitfußstoß Halbkreisfußtritt
Stockschlag von innen	Armbrecher, kleine Außensichel
Griff in das Revers	Fingerpressen (ohne Blocktechnik),
Fußtritt von vorn	Rückriß
Messerstich von oben	Armbeugehebel
Messerstich von unten	Kipphandhebel, Kreuzfesselgriff

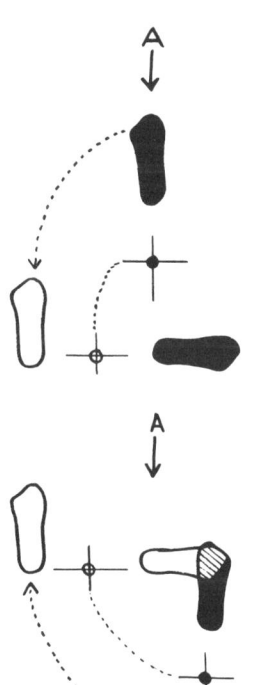

4. Bewegungsform: *Schrittdrehung nach innen (SDni)*
   (2 Formen)   mit Handkanten- oder Unterarmblock

Angreifer mit:	*Verteidiger wahlweise mit:*
Florettstich mit Messer	Fingerstich,
	Handspitzenstich,
	Fauststoß,
	Drehstreckhebel,
Fauststoß	Handballenstoß,
Schwinger	Fauststoß,
Stockschlag von oben	Fußtritt,
	Ellenbogenstoß aufwärts,
	Handbeugehebel,
	kleine und große
	Innensichel,
Würge von vorn	Hebezugfußhalten
mit beiden Händen	(ohne Blocktechnik)

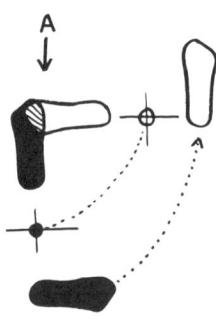

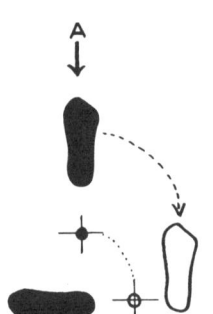

32

5. Bewegungsform: *Doppelschrittdrehung nach außen (DSDna)*

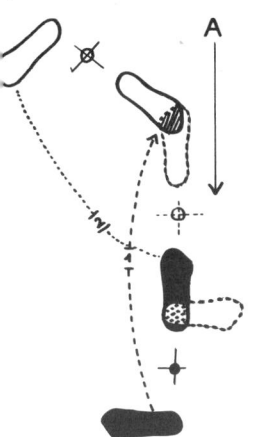

Angreifer mit:	*Verteidiger wahlweise mit:*
Stockschlag von oben	Armstreckhebel zum Boden, Bauchstreckhebel, Kipphandhebel, Rückentransportgriff,
Stockschlag von oben mit beiden Händen	Freies Würgen, Rückriß, Doppelhandsichel von hinten,
Fassen beider Handgelenke	Armstreckhebel über Schulter,

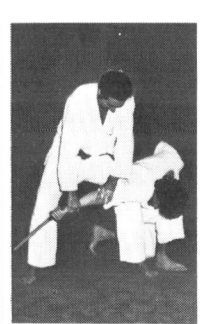

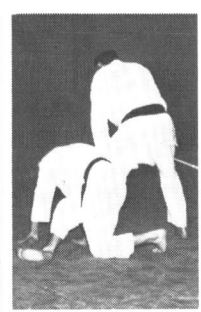

6. Bewegungsform: *Doppelschrittdrehung nach innen (DSDni)*

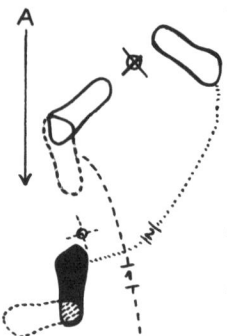

Angreifer mit:
Schwinger
Stockschlag von oben
Stockschlag von außen

Verteidiger wahlweise mit:
Hüftwurf
Schulterwurf
Körperwurf

Hinweis:
Die Bewegungsformen 5 und 6 (Doppelschrittdrehung) sind nach außen und nach innen auch mit umgekehrtem Eingang gegen Schlagangriffe zu üben und hierbei geeignete SV-Techniken (vorwiegend Atemi-Handtechniken) anzuwenden.

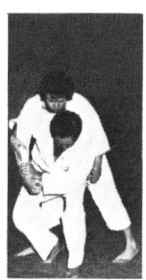

7. Diverse Bewegungsformen:

	Angreifer mit:	*Verteidiger mit:*
Übersetzen nach vorn:	Stockschlag von oben	Armstreckhebel zum Boden
Seitwärts gleiten:	Stockschlag von oben mit beiden Händen	kleiner Eingangswurf
Vorwärts gleiten:	Stockschlag von außen	Große Außensichel
Körperabrollen im Boden:	Würge im Reitsitz	Genickdrehhebel

Techniken des 2. Kyu- bis 2. Dan-Grades in Kombinationen

Anmerkung:
Die Zuordnung der Techniken zu den einzelnen Prüfungsprogrammen sind ab Seite 150 zu finden.

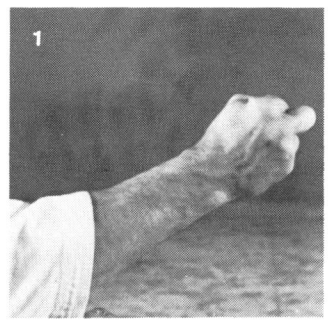

Der Stoß/Schlag mit der *Knöchelfaust* gleicht im Prinzip dem Fauststoß (s. Bd. I, S. 91ff.). Mit den Fingerknöcheln (Abb. 1–2) werden punktgenau empfindliche Stellen am menschlichen Körper getroffen (vgl. Tabelle „Angriffsziele am menschlichen Körper", Bd. I, S. 136ff.). Die Faust steht dabei in der Regel senkrecht zum Ziel! Mit den Knöcheln läßt sich auch ein schmerzhafter Druck auf empfindliche Stellen – insbesondere Nervenpunkte – ausführen, wodurch Klammergriffe aller Art erfolgreich zu lösen sind.

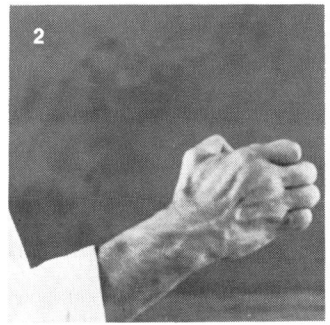

... gegen Florettstich mit dem Messer (Abb. 3–8)
Schrittdrehung nach außen (SDna) / Sticharm abblocken / Knöchelfaust zum Auge / Kipphandhebel / Festlegegriff

... gegen Umklammerung von hinten unter den Armen mit Anheben (Abb. 9–12)
Einhängen / Knöchelfaust auf Handrücken und Lösen / Handdrehbeugehebel
Weiter üben – links und rechts – nach dem Vielfältigkeitsprinzip!

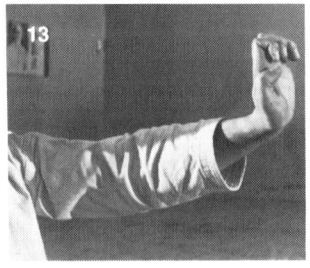

Dem *Handballenstoß* liegt ebenfalls das Prinzip des Fauststoßes zugrunde. Gestoßen wird mit der kleinen Fläche des Handballens (Abb. 13), die vorderen 2 Glieder aller Finger sind dabei gekrümmt, die Hand im Gelenk stark nach hinten gebeugt und fest gespannt, nicht geschlossen! Die Verlängerung der Auftrefffläche ist der Unterarm. Der Stoß ist kraftvoll und schnell auszuführen und wirkt als Schocktechnik (vgl. Bd. I, S. 130ff.).

. . . gegen Fassen eines Handgelenks (Abb. 14–19)
Körperabdrehen nach innen (KAni) / Gleichgewichtbrechen durch Zug nach vorne! Schock mit Handballenstoß zum Kinn / Festlegegriff am Boden

Der *Handballenschlag* bewegt sich bogen- bzw. kreis-
förmig zum Ziel.

*Weiter üben – links und rechts – nach dem Vielfältig-
keitsprinzip und hierzu die weiteren 5 Beispiele beachten!*

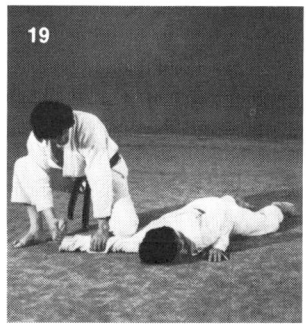

Handballenstoß
in Kombination

gegen Fassen beider
Handgelenke
Abb. 20–23 / 39–40

gegen Würge von vorn mit
einer Hand und Schlag
Abb. 24–27 / 39–40

gegen Würge von hinten
mit beiden Händen
Abb. 28–30 / 39–40

gegen Schwinger
Abb. 31–34 / 39–40

gegen Stockschlag
von außen
Abb. 35–40

Der *Ellenbogenstoß nach unten* eignet sich vor allem bei engem Kontakt mit dem Angreifer, wenn dieser unter der Gürtellinie in gebückter Haltung angreift, aber auch zur Verteidigung in der Bodenlage. Zur kraftvollen Ausführung des Stoßes wird der senkrecht nach oben gestreckte Arm heruntergerissen, so daß der harte Ellenbogen im spitzen Winkel den Gegner trifft. Hüfte und Schulter sind zur Verstärkung des Stoßes mit einzusetzen, indem der Körperschwerpunkt in Stoßrichtung abzusenken ist. Die Faust ist fest zu schließen und alle Muskeln im Moment des Auftreffens maximal zu spannen.

. . . gegen Kopfstoß in den Magen (Abb. 41–43)
Körperabdrehen nach außen (KAna) / Unterarmblock / Ellenbogenstoß nach unten

. . . gegen Würge im Boden, Reitsitz (Abb. 44–47)
Griffsprengen / Genickdrehhebel / Abwurf / Ellenbogenstoß nach unten

Weiter üben – rechts und links – nach dem Vielfältigkeitsprinzip!

Beim *Fußstoß vorwärts* wird die Hüfte deutlich sichtbar in Zielrichtung mit vorgeschoben, wodurch der Stoß kraftvoller wird – wenn auch weniger schnell als der schnappende Fußtritt. Der Stoß überwindet durch den Hüfteinsatz eine größere Distanz, wirft den Angreifer in der Regel zurück und schafft „Luft". Es ist darauf zu achten, daß das Bein zuerst zum Körper angewinkelt und aus dieser Position vorgestoßen wird, die Trittfläche ist auf den Fußballen (gestreckter Fuß und angezogene Zehen) oder die Ferse (Fußgelenk scharf anwinkeln) zu konzentrieren, damit höchstmögliche Wirkung durch kleinste Auftrefffläche erzielt wird (Abb. 48 / 49).

Das Standbein steht elastisch und leicht gebeugt mit dem ganzen Fuß auf dem Boden, wahrt das Gleichgewicht und muß den Rückstoß auffangen können, wenn der Fuß das Ziel trifft.

. . . gegen Messerstich von oben (Abb. 50–53)

Während des Ausholens zum Stich Fußstoß mit Ferse gegen den Solarplexus / Schrittdrehung nach außen (SDna) / Handfegen / Handspitzenstich / Kipphandhebel

41

. . . gegen Umklammerung von hinten über den Armen
2. Angreifer Schwinger von vorn (Abb. 54-56)

Fußstoß mit Fußballen vorwärts / Hüftrad auf vorderen Angreifer / Fauststoß

Weiter üben – rechts und links – nach dem Vielfältigkeitsprinzip!

Hüftrad
gegen zweiten Angreifer

Der *Handdrehhebel* bewirkt eine sehr schmerzhafte Verdrehung im Handgelenk. Die Hand des Angreifers wird über dem Handrücken umspannt, so daß Daumen über Daumen liegt. Das Handgelenk wird fest an den Körper herangezogen, mit Körperdruck in Richtung des Pulses gebeugt und verdreht, der gebeugte Unterarm gleichzeitig nach der anderen Seite gezogen. Die koordinierte Drehbewegung beider Hände (nach außen und nach innen gleichzeitig!) ähnelt dem Auswringen eines nassen Handtuchs (Abb. 57).

... gegen Würge von vorn mit beiden Händen (Abb. 58−63)

Kinn an- und Schultern hochziehen / Gleichgewichtsbrechen durch Körperabdrehen nach innen (KAni) / Handballenstoß / Handdrehhebel / Kniestoß gegen Kinn

64

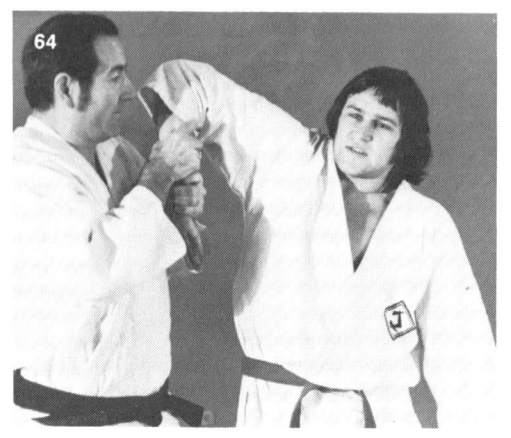

Der *Armdrehgriff* bewirkt eine Verdrehung im Ellenbogen- und Schultergelenk. Der mit beiden Händen über dem Handgelenk umspannte Arm des Angreifers wird eng an den Körper gezogen, im Ellenbogen zum spitzen Winkel hochgeschoben und nun durch eine ruckartige Körperdrehung schmerzhaft verdreht (Abb. 64). Der Angreifer kann aus dieser Position dann durch einen unerwartet starken Zug am Arm nach unten mit gleichzeitiger Drehung um die Körperachse zu Boden gerissen und dort festgelegt werden. Der Arm wird am Boden vertikal im Schultergelenk gedreht und als Festlegegriff dabei fest in Richtung zum Boden gedrückt (Abb. 74).

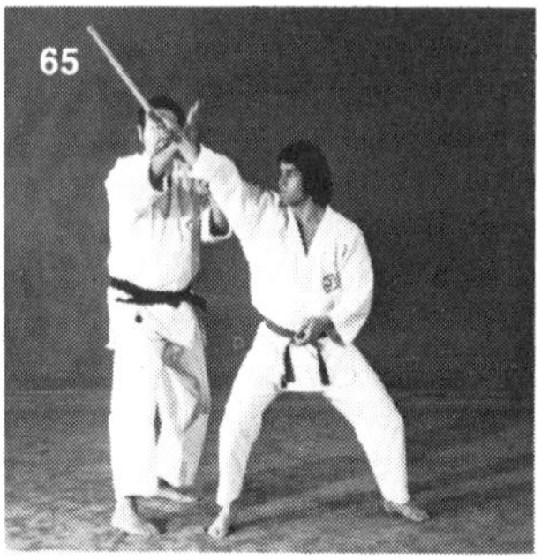
65

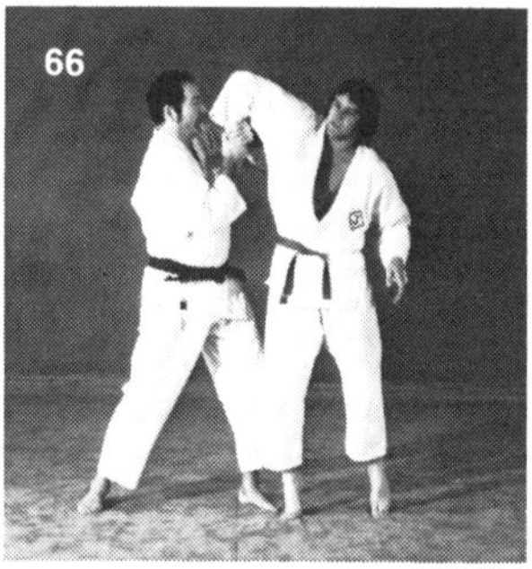
66

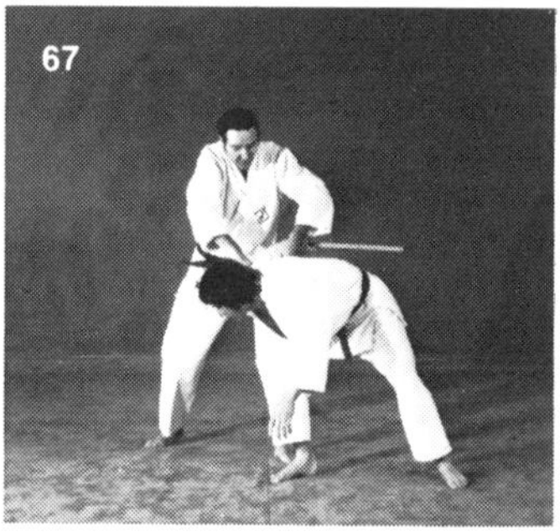
67

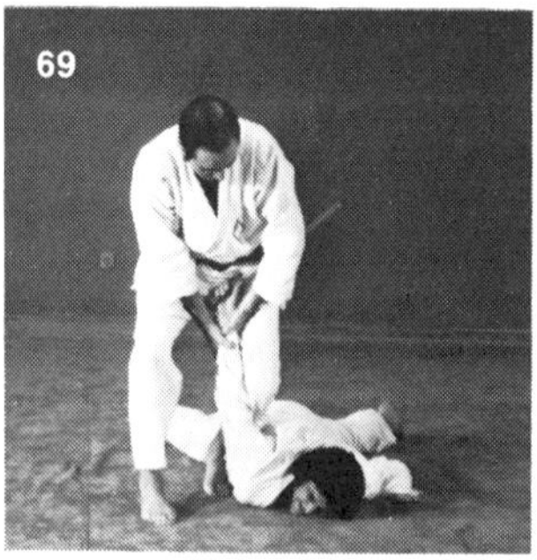
69

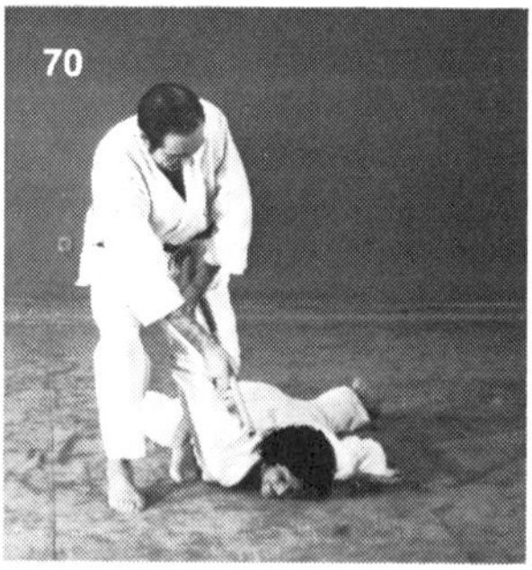
70

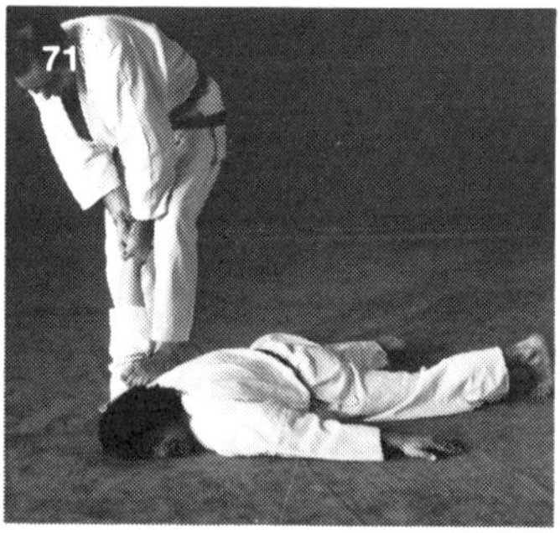
71

*Weiter üben — rechts und links —
nach dem Vielfältigkeitsprinzip!*

... gegen Stockschlag von oben mit
einer Hand (Abb. 65—73)

Doppelschrittdrehung nach außen
(DSDna) / Stock ableiten / Armdrehgriff im Stand ansetzen / Festlegen im Boden / Abnehmen des
Stockes / Fußkreuzfesselgriff (Variante des Kreuzfesselgriffs)

Knieschulterstreckhebel/-Würgen wird bei der Selbstverteidigung in der Bodenlage angewendet und bewirkt eine Hebelung des Ellenbogengelenks durch Überstrecken. Der Verteidiger verschränkt seine Beine um den Hals des Angreifers, hakt die beiden Fußgelenke gegeneinander ein und bewirkt durch Strecken der Beine und Anheben des Gesäßes eine Scherentechnik. Der ausgestreckte Arm des Angreifers wird über dem Oberschenkel des Verteidigers durch Druck auf den Unterarm nach außen im Ellenbogen gehebelt (Abb. 75).

... gegen Würge am Boden zwischen den Beinen mit einer Hand und Schlag mit der anderen Hand (Abb. 76–80)

Schlag abblocken / Knieschulterstreckhebel / mit Variante des Kippstreckhebels festlegen

46

Handbeugetransportgriff in Kombination

gegen Fassen eines Handgelenkes diagonal (Abb. 81–83/90)

gegen Würge von vorn mit einer Hand und Schlag (Abb. 84–86/90)

gegen geraden Fauststoß (Abb. 87–90)

Handbeugetransportgriff (Abb. 90)
Diese Technik zählt zum Programm des 3. Kyu-Grades und wurde bereits im ersten Band, S. 98, behandelt, wird jedoch nachfolgend als Verteidigungstechnik noch einmal im Vielfältigkeitsprinzip gegen verschiedene Angriffsarten dargestellt.

Handbeugetransportgriff in Kombination

gegen Stockschlag von oben mit einer Hand (Abb. 91–94/104)

gegen Würge von hinten mit beiden Händen (Abb. 95–97/104)

gegen Stockschlag von außen (Abb. 98–104)

Der *Fußstreckhebel* überdehnt den Fuß im Spann und
bewirkt gleichzeitig eine schmerzhafte Pressung der
Achilles-Sehne. Der Fuß des Angreifers ist fest unter
den Arm zu klemmen. Ein Unterarm liegt unter der
Achilles-Sehne als Auflage, die Hand des anderen
Armes überdehnt den Spann. Der Verteidiger befindet
sich dabei mit dem Rücken zum Angreifer an dessen
Außenseite, niemals zwischen den Beinen (Abb. 105).

Als Variante zeigt der Verteidiger die Vorderseite zum
Angreifer. Der Fuß ist unter der Achsel eingeklemmt.
Überdehnt wird der Fuß durch Zurücklegen des Ober-
körpers (Abb. 106).
Weitere Varianten zeigen die Abb. 107 und 108.

. . . gegen Umklammerung von hinten unter den Armen
mit Anheben (Abb. 109–112)
Einhängen / Ellenbogenstöße nach hinten zum
Kopf / Beindurchzug / Fußstreckhebel

. . . gegen Fußtritt von vorn (Abb. 113–116)
Schrittdrehung nach außen (SDna) und Handfegen / Faustrückenschlag zum Gesicht / Fußrückstoß / Fußstreckhebel

. . . gegen freies Würgen von hinten im Boden
(Abb. 117–120)
Grifflockern / Körperabrollen in Rückenlage / Fuß-
streckhebel durch Beinkreuzen über dem Spann des
Angreifers

*Weiter üben – links und rechts – nach dem Vielfältigkeit-
sprinzip!*

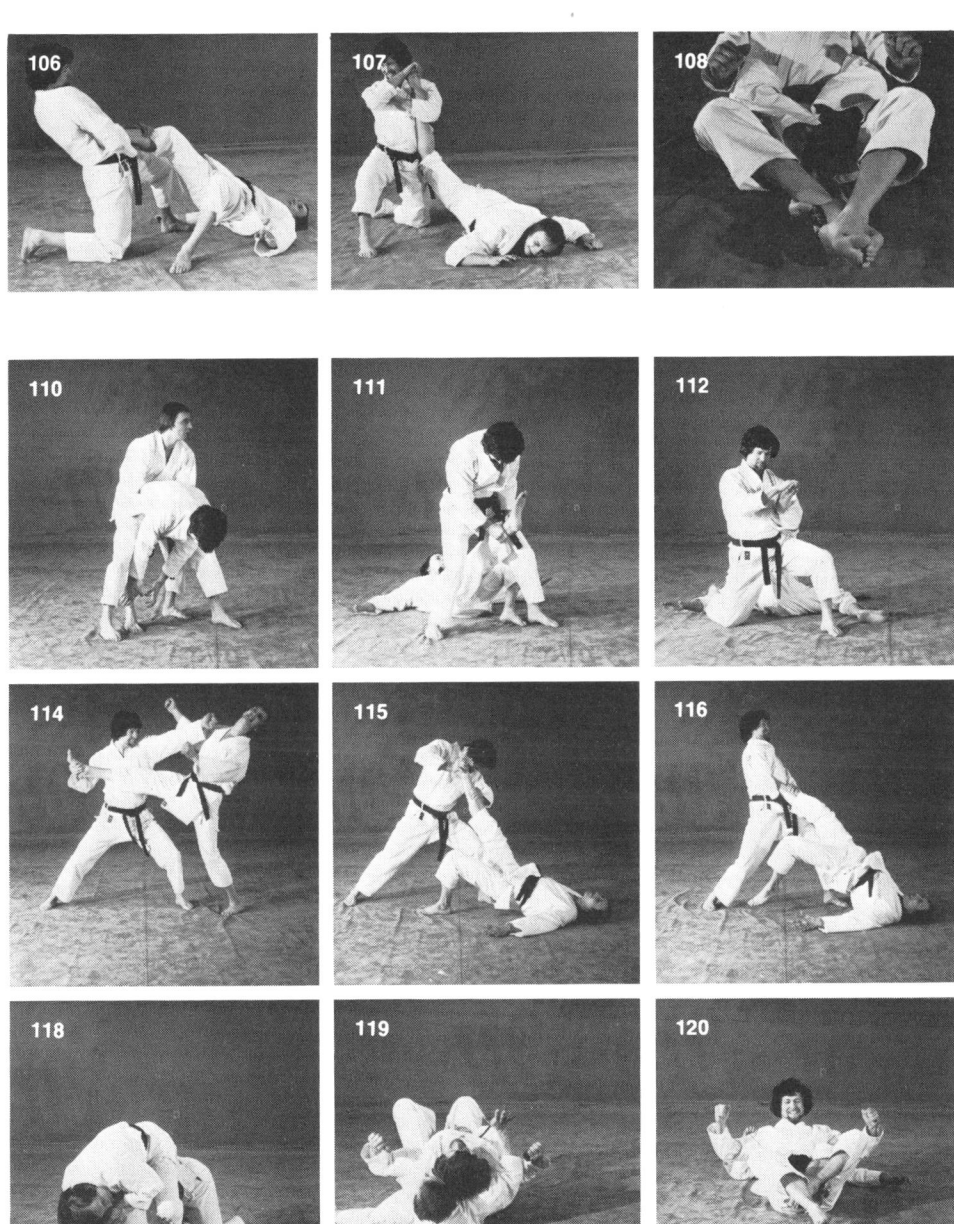

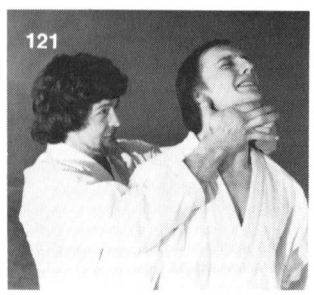

Nervendruck, z. B. *Ohrendruck und Nasendruck* werden als Lösegriffe und Aufhebegriffe angewendet.

Der Ohrendruck wird als Daumen- oder Fingerstich ausgeführt und richtet sich gegen den großen Ohrnerv hinter dem Ohr in der Ohrengrube (Abb. 121).

Der Nasendruck wird von unten gegen die Nasenscheidewand geführt (Abb. 129).

Ohrendruck gegen Schwitzkasten von der Seite (Abb. 122–125)
Befreiung durch Ohrendruck / Handkantenschlag von außen gegen Niere / Rückriß an den Haaren / Handkantenschlag zum Gesicht

... als Aufhebegriff gegen passiven Widerstand auf dem Rücken liegend (Abb. 126–128)
Fassen des Handgelenks / Ohrendruck / damit Gegner auf Bauchlage drehen / Armbeugehebel auf Rücken mit Haarzug / Aufheben

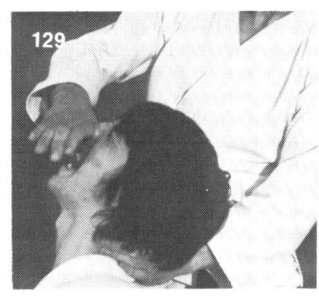

Nasendruck gegen Festhaltegriff am Boden
(Abb. 130–134)
Grifflösen durch Nasendruck / Abbiegen und Seitstreckhebel / Handkantenschlag zur Leber / Beinhalsschere

. . . Als Aufhebegriff bei passivem Widerstand auf Stuhl sitzend (Abb. 135–138)

Nackengriff und Nasendruck hinter dem Stuhl ansetzen / Aufheben und Stuhl wegfegen / Rückentransport
Weiter üben – links und rechts – nach dem Vielfältigkeitsprinzip!

53

139

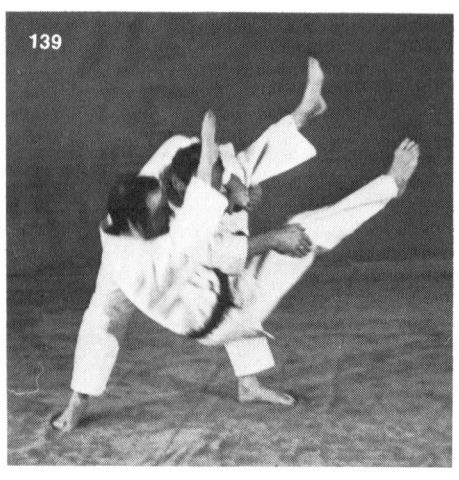

Mit dem *Schaufelwurf* befreit man sich in der Regel aus einem Klammergriff und wirft den Gegner zu Boden.
Die Beine des Angreifers werden in den Kniekehlen gefaßt und mit den Händen seitwärts nach vorne weggeschaufelt (Abb. 139). Als Variante gilt der Griff und Zug an den Hosenbeinen (Abb. 144).

. . . gegen Schwitzkasten
von der Seite (Abb. 142–147)

Griff lockern durch Fauststoß in die Hoden / Wegschaufeln der Beine / Fauststoß am Boden / Festlegegriff

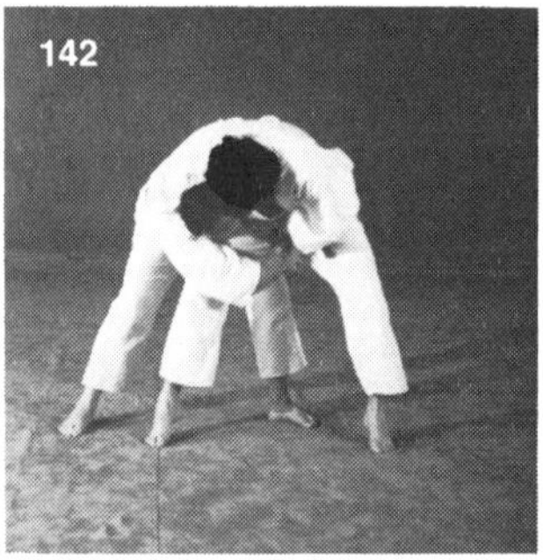
142

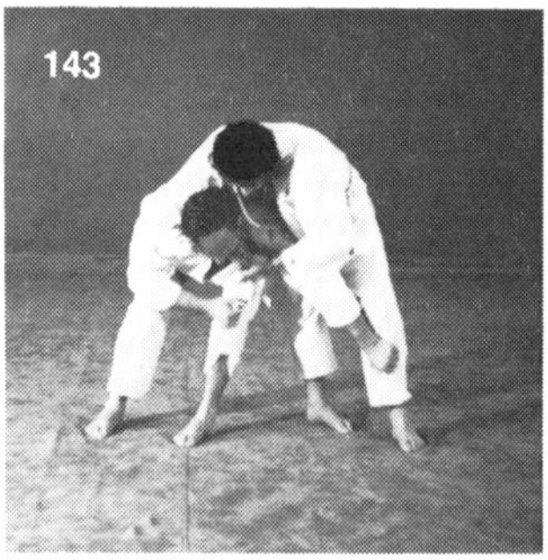
143

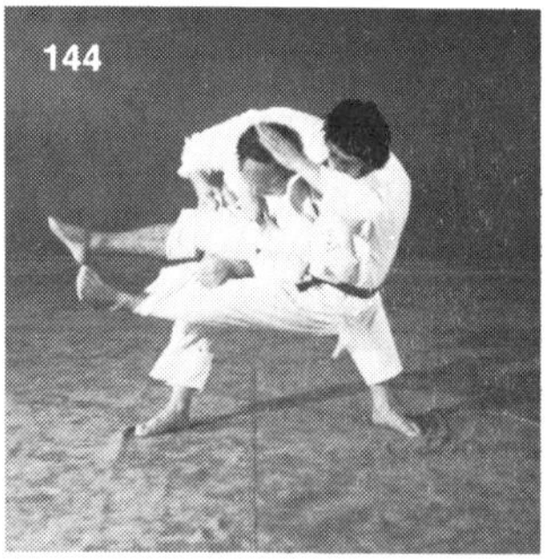
144

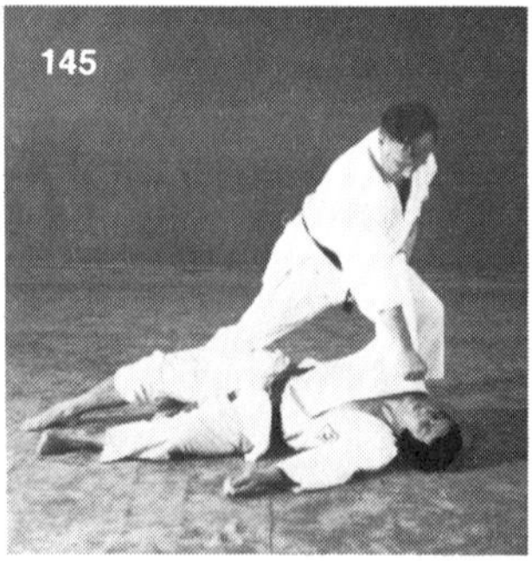
145

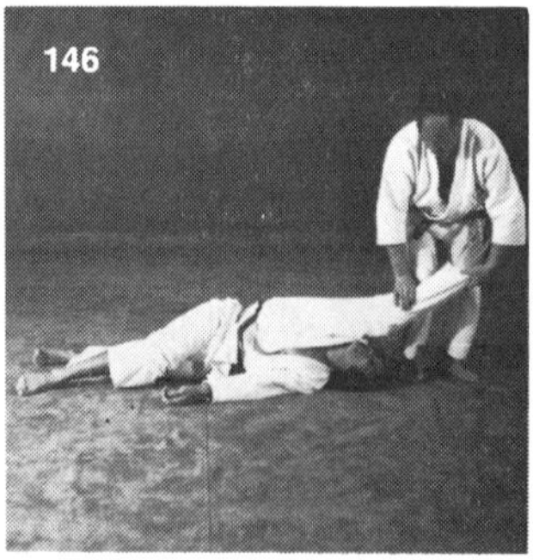
146

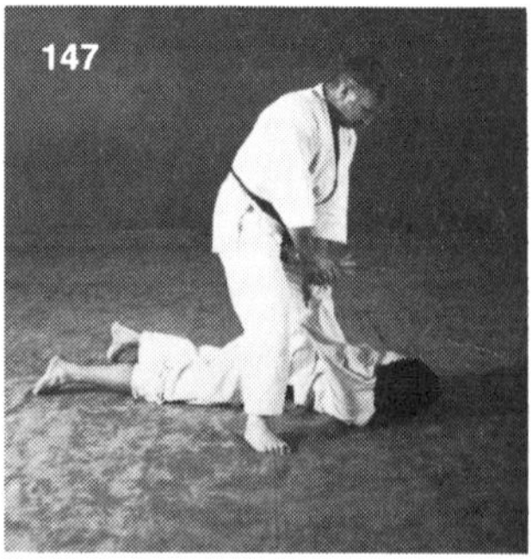
147

140

Bei der Ausführung des *Aushebers* wird der eigene Körperschwerpunkt unter den des Angreifers bewegt, dieser kraftvoll hochgehoben und geworfen (Abb. 140).

Zur Selbstverteidigung in lebensgefährlichen Situationen – etwa wenn mehrere Gegner mit Waffen angreifen – kann der Angreifer mit dem Rücken auf ein hochgestelltes Knie geworfen werden (Abb. 141). Schwere Rückgratverletzungen sind die Folge. Vorsicht beim Üben.

141

Weiter üben –
rechts und links –
nach dem
Vielfältigkeitsprinzip!
Dazu die folgenden
Beispiele beachten!

148

149

150

151

152

. . . gegen Würge von hinten mit dem Unterarm (Abb. 148 – 152) Grifflösen durch Zug der rechten Hand, Schlag zu den Hoden / Schrittdrehung nach hinten und Ausheber / Handkantenschlag zur Leber

Schaufelwurf und
Ausheber in Kombination

gegen Kragenfassen
von hinten und Schlag
Abb. 153 – 155 / 161

gegen Umklammerung
von hinten über den Armen
mit Anheben
Abb. 156 – 158 / 161

gegen
Doppelnelson
im Ansatz
Abb. 159 – 161

gegen
Körperumklammerung
von vorn unter den Armen
mit Anheben
Abb. 162 – 165

56

Der *Eckenwurf* ist ein Körperwurf aus der seitlichen Bodenlage. Der Verteidiger wirft den Angreifer nicht wie beim Kopfwurf direkt über sich nach hinten ab, sondern in diagonaler Bewegungsrichtung nach hinten. Dazu wird der eigene Körperschwerpunkt unter den Angreifer gebracht, das Bein zum Wurf innen am Oberschenkel angesetzt. Um den Angreifer dann z. B. rechts / seitlich / vorwärts (aus dessen Blickrichtung gesehen) zu werfen, sind das Ausheben mit dem rechten Wurfbein und der Zug der Hände zu koordinieren und der Angreifer schwungvoll aus dem Gleichgewicht zu bringen (Abb. 166).

... gegen Schwitzkasten von vorn
(Abb. 167–173)
Griffansatz /
Eckenwurf /
Handbeugehebel
in Bodenlage /
Aufhebegriff

Weiter üben –
rechts und
links – nach dem
Vielfältigkeitsprinzip!

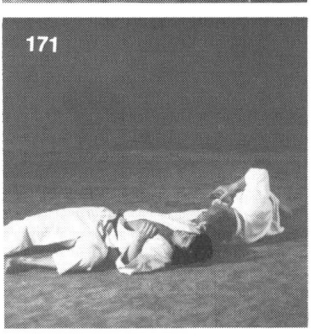

Beim *Kopfwurf* geht der Verteidiger selbst in die Rückenlage, um den nachdrückenden Angreifer aus der Bodenlage mit einem Bein über sich im Bogen hinwegzustoßen und nach hinten abzuwerfen.

Beim Üben setzt man zur Vermeidung von Verletzungen den Fuß des stoßenden Beines in der Leiste neben dem Körperschwerpunkt an; im Ernstfall wird die Wirkung durch den Stoß in den Unterleib erhöht. Die Hände unterstützen die Aktion des stoßenden Beines und ziehen den Angreifer mit festem Griff über den am Boden liegenden Verteidiger hinweg.

... gegen Würge von vorn mit beiden Händen (Abb. 174–178)

Dem Druck nachgeben und Angreifer unterlaufen / Kopfwurf / Nachrollen und Aufsitzen / Armstreckhebel in der Bank

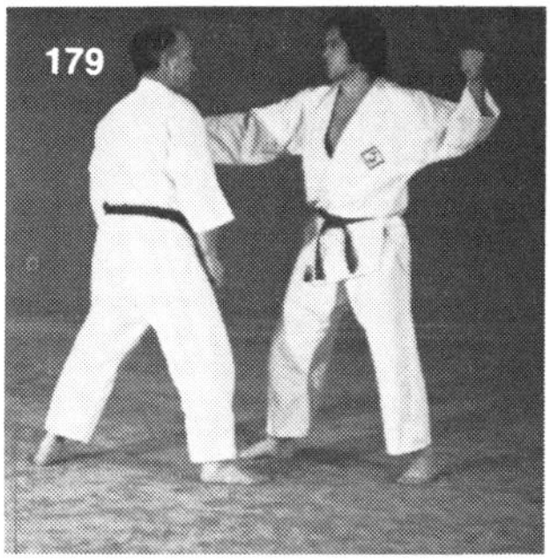
179

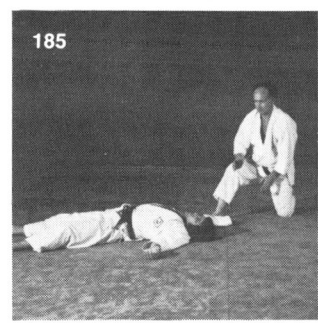

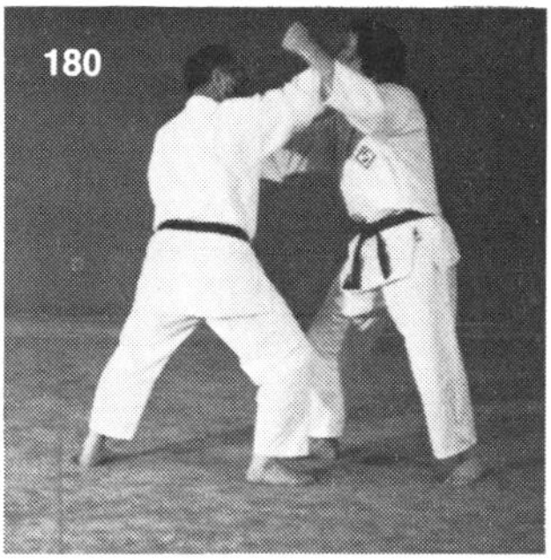
180

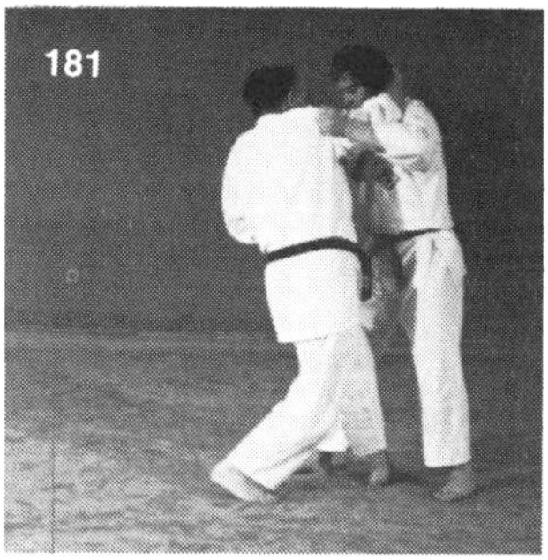
181

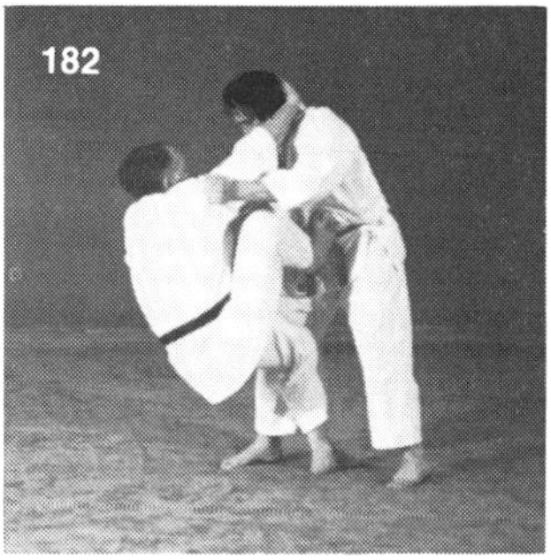
182

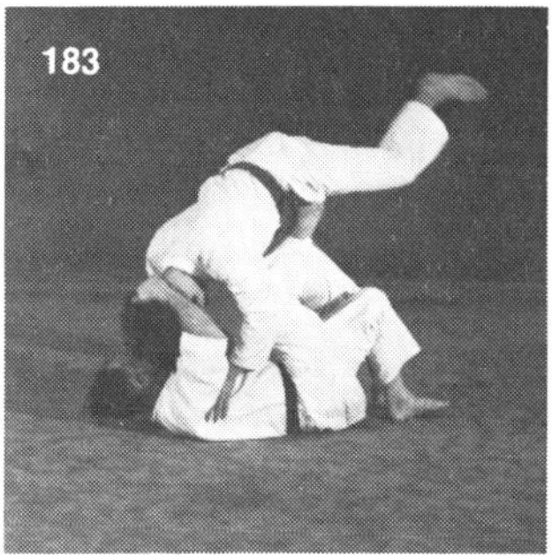
183

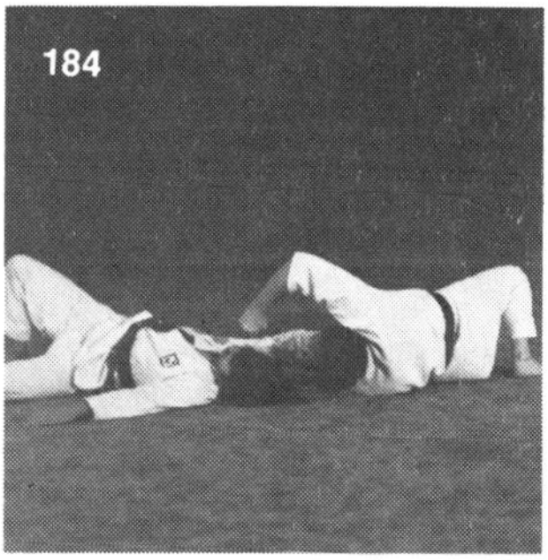
184

185

. . . gegen Griff in's Revers und Schwinger (Abb. 179–187)
Schlag abblocken / Kopfwurf / Fauststoß im Liegen / Aufstehen in Verteidigungsstellung

Weiter üben – rechts und links – nach dem Vielfältigkeitsprinzip!

Kopfwurf gegen Würgeangriff

Das *Schulterrad* eignet sich gut für kleinere, starke Kämpfer. Es gewinnt im Ju-Jutsu als Wettkampfsport besondere Bedeutung, ist aber auch für die Selbstverteidigung eine imposante Wurftechnik, die eine abschreckende Wirkung auf das Umfeld im Ernstfall nicht verfehlt.

Der Angreifer wird auf beide Schultern aufgeladen und aus dem aufrechten Stand seitlich abgeworfen; er sollte − zur Vermeidung einer Wirbelsäulenverletzung des Verteidigers − mit aufrechtem Oberkörper „aus den Beinen heraus" ausgehoben werden.

... gegen Kontakt- und Schlägerangriffe

SDni und Angreifer unterlaufen, mit starkem Zug am Schlagarm Gleichgewicht nach vorne brechen, mit der rechten Hand von innen den rechten Schenkel unterfassen, mit der Schulter Kontakt zum Körper nehmen, Beine strecken und Angreifer aufladen, das linke Bein an das rechte heranziehen, und den Angreifer seitlich abwerfen. Es kann auch mit einer Körperneigung nach vorne abgeworfen werden. Nachfolgetechnik: Beinstreckhebel oder Fußstoß abwärts.

Der *Faustrückenschlag* ist dem Faststoß zwar härtemäßig unterlegen, in der Geschwindigkeit aber beträchtlich schneller. Er wird ansatzlos als Schnappschlag aus dem Ellenbogengelenk heraus blitzschnell geschlagen und reicht aus – wenn auch oft nur als Schockschlag angewendet –, um einen Gegner kampfunfähig zu machen.

Die Faust ist kräftig zu spannen und durch das Handgelenk mit dem Unterarm zu verriegeln. Als Auftrefffläche gelten die am Faustrücken hervorstehenden, gehärteten Mittelhandknöchel des Zeige- und Mittelfingers (Abb. 186).

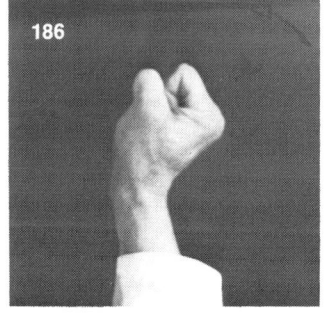

Faustrückenschlag in Kombination

... gegen Fußtritt von unten (Abb. 187–190)
Unterarmblock / Faustrückenschlag mit demselben Arm zum Gesicht / umgekehrter gerader Fauststoß / kleine Innensichel oder große Innensichel

... beide Handgelenke von hinten gefaßt
(Abb. 191–194)
Grifflösen / SD 180 Grad ni – Schrittdrehung 180 Grad nach innen / Faustrückenschlag / Kipphandhebel / Festlegegriff

Weiter üben – rechts und links – nach dem Vielfältigkeitsprinzip!

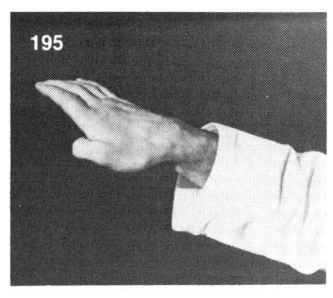

195

Handinnenkantenschlag

Die Handkantenschläge sind von alters her in der Selbstverteidigung bekannter als die Fauststöße. Sie bieten als Schlag- oder Stoßtechnik zahlreiche Möglichkeiten der Anwendung und sind als sogenannte „Messerhand" lebensgefährlich.

Die Hand ist gestreckt und gespannt, im Handgelenk mit dem Unterarm fest verriegelt. Der Daumen ist nach innen gekrümmt, Mittel- und Ringfinger sind leicht angezogen, so daß sich die Handmuskulatur komprimiert und noch fester wird (Abb. 195).

Als Stoßtechnik ausgeführt wird die Hand von der Ausgangsstellung vor dem Körper um 180 Grad gedreht und möglichst geradlinig in's Ziel geführt, so daß die gehärtete Handinnenkante (Knöchelansatz des Zeigefingers) als Wirkungsfläche auftrifft.

. . . gegen Bedrohung
mit der Schußwaffe
von vorn
(Abb. 196–201)
KAna und Handfegen /
Handinnenkantenschlag /
Armstreckhebel
über die Schulter /
Abnehmen der Schußwaffe

196

197

198

199

200

201

Handinnenkantenschlag
in Kombination

gegen Handgelenk fassen
diagonal Abb. 202–205

gegen Würge von vorn mit
einer Hand und Schlag
Abb. 206–208

gegen geraden Fauststoß
Abb. 209–210

gegen Stockschlag von
innen Abb. 211–214

gegen Stockschlag von oben, beidhändig
Abb. 215–218 / 229

gegen beide Handgelenke von vorn gefaßt
Abb. 219–222 / 229

gegen Stockschlag von oben, einhändig
Abb. 223–223 / 229

gegen Stockstich Abb. 226–228 / 229

Der *Fußstoß rückwärts* ist das Pendant zum Fußstoß vorwärts. Das im Knie nach vorn angewinkelte Bein wird explosiv nach hinten gestoßen. Die ganze Stoßkraft konzentriert sich auf die Ferse des scharf angewinkelten Fußes. Der Oberkörper ist zur Wahrung des Gleichgewichts etwas nach vorn geneigt. Der Blick geht in Stoßrichtung und beobachtet das Ziel. Die Hände bleiben in Abwehrstellung vor dem Körper (Abb. 231).

gegen Stockschlag von außen (Abb. 230–232)
Beim Ausholen zum Schlag sofort Fußstoß rückwärts / Faustrückenschlag / Abnehmen des Stockes
Weiter üben – rechts und links – nach dem Vielfältigkeitsprinzip!

Der *Handsperrhebel* wird durch scharfes Abknicken der Hand nach hinten im Handgelenk im Moment der maximalen Beugung wirksam. Es empfiehlt sich dabei wegen der wesentlich höheren Schmerzwirkung, das Handgelenk etwas zu verkanten und den Druck in Richtung der Elle zu richten (Abb. 233).

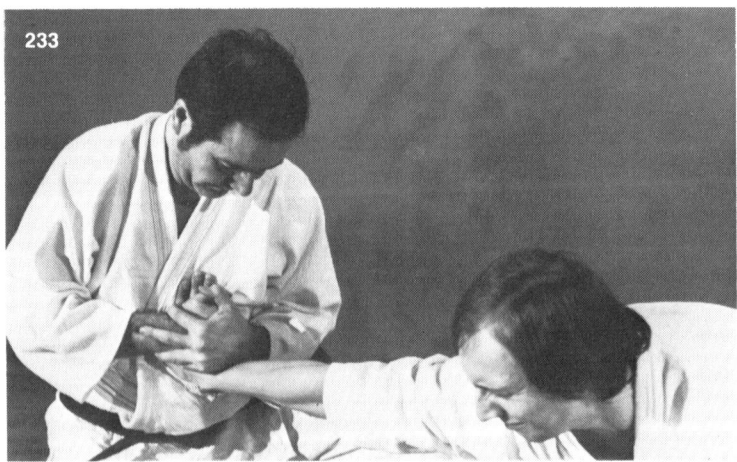

. . . gegen Griff in die Haare von vorn (Abb. 234–237) und Faustschlag

Fußtritt gegen Schienbein / SDna / Grifflösen durch Handsperrhebel / Festlegegriff

. . . gegen Griff in die Haare von hinten (Abb. 238–240)

DSDna und Handsperrhebel / Armstreckhebel über die Schulter als Transportgriff

Weiter üben – rechts und links – nach dem Vielfältigkeitsprinzip!

Der *Drehstreckhebel* wird am Ellenbogengelenk des gestreckten Arms durch Druck (Überstreckung) auf das Gelenk entgegen der natürlichen Bewegungsrichtung wirksam. Der Unterarm des Gegners liegt dabei in der Regel in der Armbeuge des Verteidigers, der den Druck auf das Ellenbogengelenk mit beiden Händen ausübt und dabei in einer Drehbewegung (Wirkung der Zentrifugal- und -petalkräfte) den Gegner auf die Knie oder in die Bauchlage zwingt (Abb. 241).

. . . gegen Messerstich von der Seite, tief (Abb. 242-245)

SDna / Unterarmblock / Drehstreckhebel / Kniestoß zum Gesicht / Abnehmen des Messers

Weiter üben – rechts und links – nach dem Vielfältigkeitsprinzip!

Der *Genickbeugehebel* wirkt auf die Gelenkkette der Halswirbelsäule. Er kann im Stand und in der Bodenlage ausgeführt werden.

Der Verteidiger schlingt den Arm um den Hals des Angreifers, so daß der Oberarm auf das Genick und der Unterarm mit der Speiche gegen den Kehlkopf drückt. Die Beine werden um die Hüfte des Angreifers

geschlungen und verschränkt. Durch Strecken der Beine wirkt der Hebel (Abb. 246).

Variante: Die Füße werden um die Beine des Angreifers verschränkt und diese gespreizt (siehe Beinstrecker von oben / unten, 1. Dan). Durch seitliches Abrollen – unter Beibehaltung der Griffposition – kommt der Verteidiger in die Oberlage und kann den Griff zu anderen Kombinationstechniken wechseln (Abb. 251).

. . . gegen Würge im Boden zwischen den Beinen (Abb. 247–252)
Ellenbogenstoß / Genickbeugehebel / Abrollen zum Obergriff / Fauststoß

247	248	249
250	251	252

Der *Beinriegel* wirkt als schmerzhafte Nerven- und Muskelpresse an der Rückseite des Unterschenkels (Abb. 258). Der Ansatz der Technik gleicht dem Fußstreckhebel (vgl. dort).

Als Festlegegriff gilt der Beinriegel im Rücksitz (Abb. 253), der auch als Doppelriegelstreckhebel machbar ist (Abb. 263). Der Gegner wird am verriegelten Bein (oder an beiden Beinen) angehoben, über die Schulterspitze in Bauchlage gedreht und durch rückseitiges Aufsitzen oder Aufknien festgelegt (Variante).

253

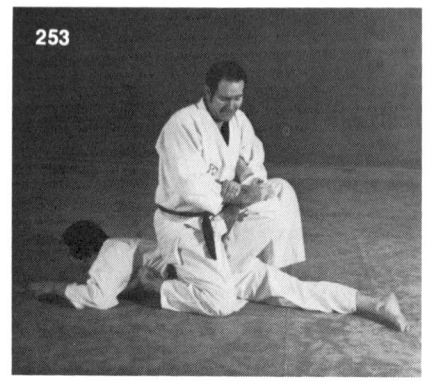

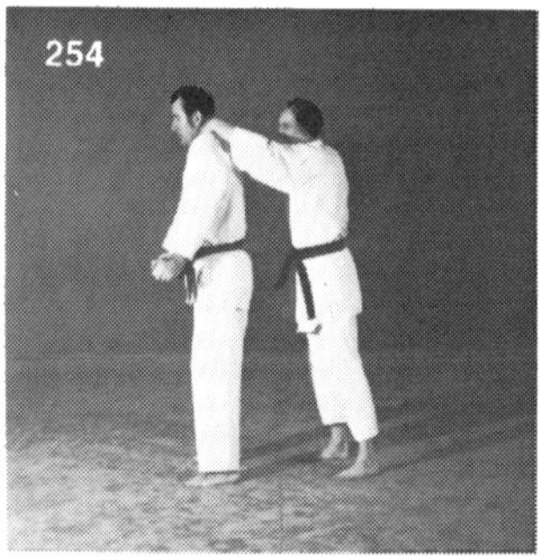
254

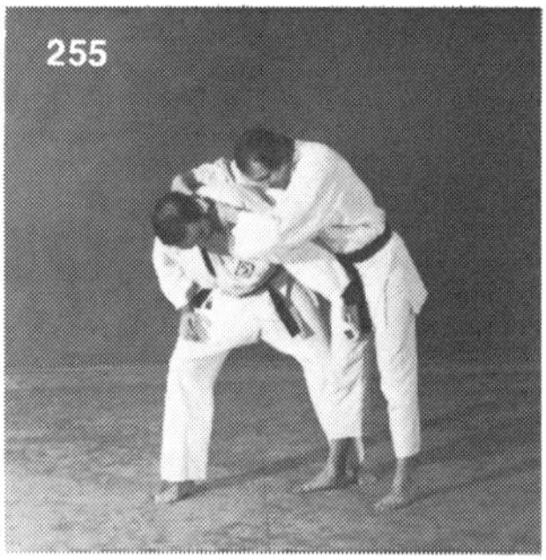
255

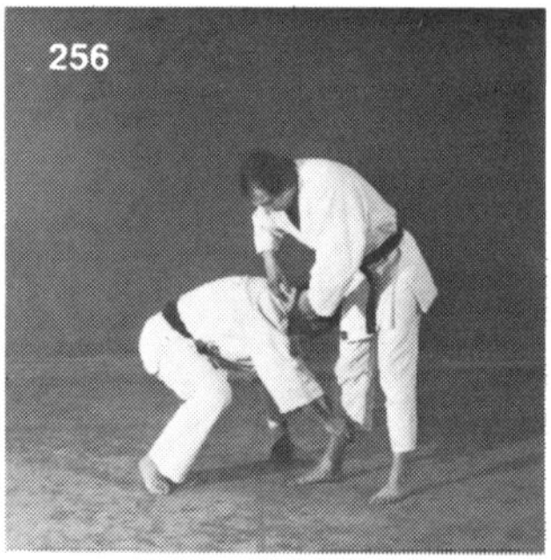
256

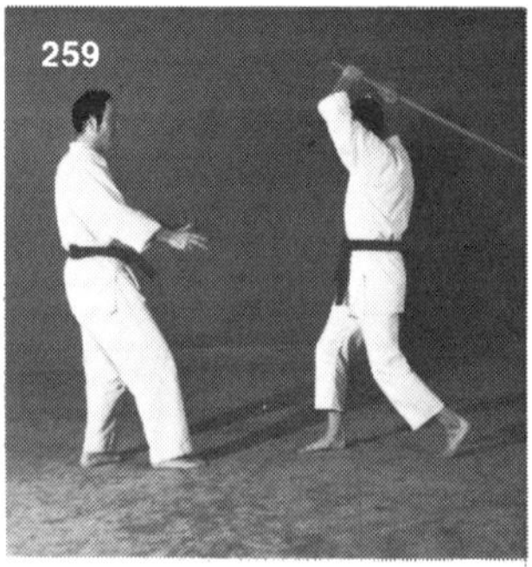
259

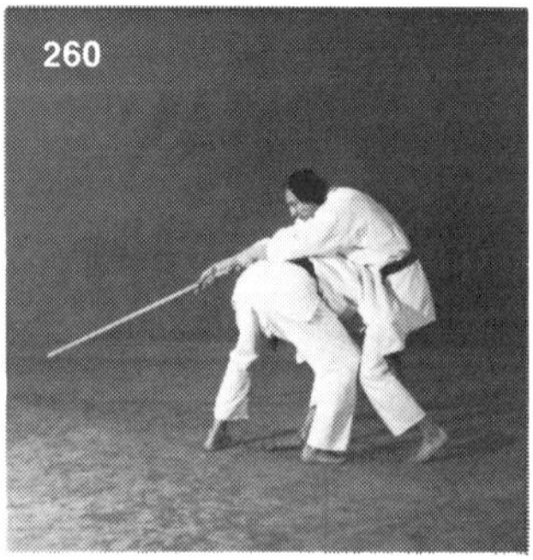
260

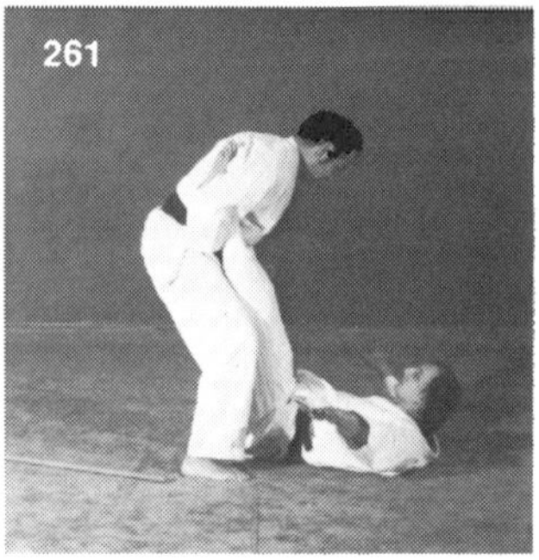
261

. . . gegen Würge
von hinten mit beiden
Händen (Abb. 254–258)
SD nach rückwärts /
Schulterbeinzug /
Beinriegel einseitig mit
Beinspreize

. . . gegen Stockschlag
von oben mit beiden
Händen (Abb. 259–263)
Doppelhandsichel /
Beinriegel im Rücksitz

*Weiter üben –
rechts und links –
nach dem
Vielfältigkeitsprinzip!*

Die *Knöchelwürge* setzt beim Angreifer ein Kleidungsstück mit festen Revers voraus, an denen die Technik angesetzt werden kann. Beide Hände fassen mit der Kleinfingerseite zuerst tief in die Revers hinein und erzielen durch gleichseitigen Druck der Fingerwurzeln der geschlossenen Fäuste auf die Schlagadern eine Unterbrechung der Blutzufuhr zum Gehirn (Abb. 264). Nach kurzer Zeit tritt Bewußtlosigkeit ein.

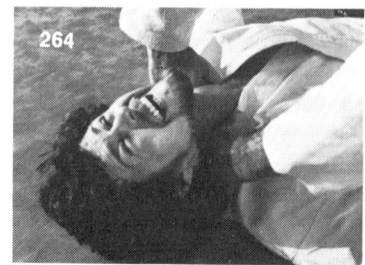

Etwas weiter vorn angesetzt, ermöglicht die Technik einen Druck auf den Kehlkopf und die Luftröhre, die sogenannte klassische Würge, die durch Atemnot zur Bewußtlosigkeit und Tod (bzw. zum Bruch des Kehlkopfs) führen kann (Abb. 265). Vorsicht beim Üben!

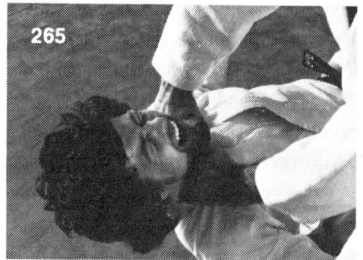

. . . gegen Umklammerung von vorn unter den Armen mit Anheben (Abb. 266–269)

Einhängen / Lösen durch Knöchelwürge / Große Außensichel

Weiter üben – rechts und links – nach dem Vielfältigkeitsprinzip!

74

Der *Rückentransport* verbindet einen sicheren Transportgriff mit einer Würgetechnik. Der angewinkelte Arm liegt vor dem Kehlkopf. Der Gegner ist von rückwärts auf die Hüfte aufzuladen und mit der anderen Hand am Hosenbein so zu fixieren, daß ein Abdrehen des Körpers verhindert und er durch die Bogenspannung der Rückenwirbelsäule kraft- und hilflos wird (Abb. 270).

. . . gegen Bedrohung (Abb. 271–273)

Zugfegen am vorderen Arm / Handinnenkantenschlag zum Hals / Rückentransport

Weiter üben – rechts und links – nach dem Vielfältigkeitsprinzip! Die 8 Beispiele in Verbindung mit Handinnenkantenschlag beachten (Abb. 202–229)!

Die *Doppelhandsichel* richtet sich als Handwurf gegen die Beine des feststehenden Gegners. Um den Wurf mühelos ausführen zu können, ist der Angreifer mit einer Schocktechnik zuvor abzulenken. Während die Hände die Beine nach vorn wegreißen, stößt der Verteidiger mit seiner Schulter den Angreifer unterhalb seines Körperschwerpunkts gleichzeitig zurück (Abb. 288).
Als Variante zählt die Doppelhandsichel von hinten (Abb. 298).

gegen Würge von vorn
mit beiden Händen
Abb. 274–277 / 288–289

gegen Würge von hinten
mit beiden Händen
Abb. 278–280 / 288–289

gegen Würge von hinten
mit dem Unterarm
Abb. 281–284 / 288–289

gegen geraden Fauststoß
Abb. 285–289

76

Doppelhandsichel
in Kombination

Weiter üben –
rechts und links –
nach dem
Vielfältigkeitsprinzip!

siehe auch:
Doppelhandsichel /
Beinriegel im Rücksitz
(Abb. 262/263)

gegen Schwinger
Abb. 290–291 / 294 / 263

gegen Stockschlag
von oben
beidhändig
Abb. 292–294 / 263

gegen Griff in die Revers
mit Kopfstoß
Abb. 295–297 / 294 / 263

gegen Stockschlag
von oben
mit einer Hand
Abb. 300–303

Die *Doppelhandsichel* als Variante von hinten

Die *kleine Innensichel* richtet sich gegen die breitbeinige Angriffsstellung und wird mit einem Fußfeger von innen gegen das Standbein des Angreifers angesetzt. Durch gleichzeitigen Druck gegen den Oberkörper des Angreifers nach hinten wird dieser aus dem Gleichgewicht gebracht und nach rückwärts geworfen (Abb. 304). Kommt der Verteidiger dabei selbst aus dem Gleichgewicht und fällt auf den Angreifer, sollte er den Fall zu einem Atemi nutzen und mit angezogenem Knie nachstoßen (Abb. 307).

. . . gegen Schwinger (Abb. 305–307)
SDni und Schlagabfangen / Zug am Schlagarm nach unten und Handballenstoß zum Kinn / Kleine Innensichel / Nachgehen mit Kniestoß am Boden
Weiter üben – rechts und links – nach dem Vielfältigkeitsprinzip!

Beim *Außendrehwurf* wird der Angreifer durch Zug nach vorn aus dem Gleichgewicht gebracht und in die Zentripetalbewegung des Verteidigers hineingezogen. Durch den schwungvollen Bewegungseinsatz der Körpermasse des Verteidigers in diagonaler Richtung um die Körperlängsachse bis zum Boden wird der Angreifer zentrifugal mitgerissen und geworfen (Abb. 308).

. . . Griff in beide Revers (Abb. 309–315)

DSDni mit Ellenbogenstoß zum Kopf / Außendrehwurf / Mitfallen / Ellenbogenstoß rückwärts zum Solarplexus / ebenso zum Kopf nach der anderen Seite

Weiter üben – rechts und links – nach dem Vielfältigkeitsprinzip!

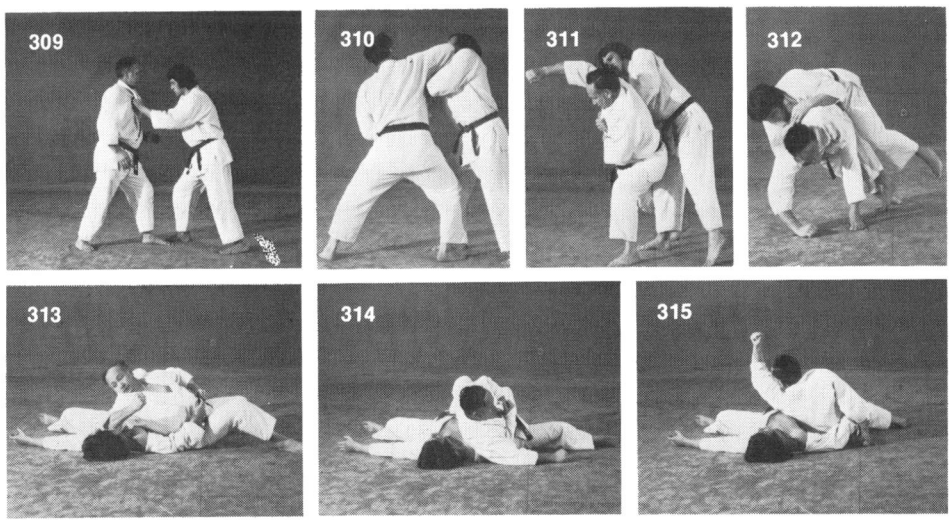

Der *Schulterbeinzug* wirkt durch eine schmerzhafte Hebelung des Kniegelenks entgegen der natürlichen Bewegungsrichtung. Die Hebelung erfolgt durch Druck der Schulter von vorn gegen die Kniescheibe des Standbeins und gleichzeitigem Wegziehen des Fußes vorwärts dicht über dem Boden (Abb. 316).
Die gegensätzlichen Bewegungen erfolgen ruckartig! Vorsicht beim Üben!

. . . gegen Würge von hinten mit beiden Händen (s. Abb. 254−258 bei Beinriegelstreckhebel)

Weiter üben − rechts und links − nach dem Vielfältigkeitsprinzip!

Der *Preßluftschlag* ist eine Atemi-Technik zur Verteidigung auf kurze Distanz, die beidhändig mit hohler Hand zum Ohr geschlagen wird (Abb. 317).
Die Wirkung des Schlags beruht auf der Luftkompression im Gehörgang, wodurch eine Schädigung des Trommelfells und des Gleichgewichtsorgans im Innenohr droht.

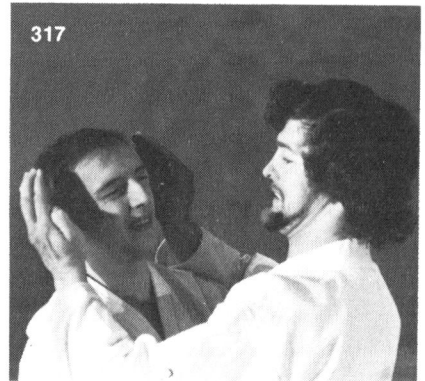

... gegen Umklammerung von vorn unter den Armen mit Anheben (Abb. 318–323)
Einhängen / Preßluftschlag / Genickdrehhebel / Wurf / Atemi

Weiter üben – rechts und links – nach dem Vielfältigkeitsprinzip!

Der *Ellenbogenschlag vorwärts nach oben* zählt – wie alle Ellenbogenstöße/-schläge – zu den härtesten Atemitechniken des Ju-Jutsu bei der Verteidigung im Nahkampf. Der Stoß wird mit angewinkeltem Arm von rückwärts nach vorwärts / aufwärts unter Einsatz von Hüfte und Schulter geführt, so daß sich die ganze Stoßkraft auf die kleine Fläche des Ellenbogens konzentriert und das Ziel trifft (Abb. 324).

... gegen Würge von vorn mit beiden Händen (Abb. 325–329) Herunterreißen eines Würgearms / gleichzeitig Ellenbogenschlag aufwärts mit dem anderen Arm / Faustrückenschlag / Handdrehbeugehebel

330

Der *Ellenbogenschlag nach vorn* wird unter den gleichen Aspekten wie der Ellenbogenschlag vorwärts nach oben ausgeführt, jedoch in horizontaler Bewegungsrichtung. Die Faust liegt in der Endstellung vor der Brust des Verteidigers mit dem Handrücken nach oben zeigend, während die Ellenbogenspitze im Kreisbogen geschlagen das Ziel getroffen hat, z. B. den Solarplexus. Schulter und Hüfte sind kraftvoll mit dem Stoß nach vorn in die Zielrichtung zu schieben (Abb. 330).

. . . gegen Stockschlag von oben, beidhändig
(Abb. 331–333)

331

Den Schlag mit Ellenbogenschlag nach vorn zum Solarplexus unterlaufen und dabei leicht am Gegner seitlich ausweichen / Ellenbogenschlag rückwärts mit dem anderen Ellenbogen / Fußstoß rückwärts

332

333

Weiter üben – rechts und links – nach dem Vielfältigkeitsprinzip!

85

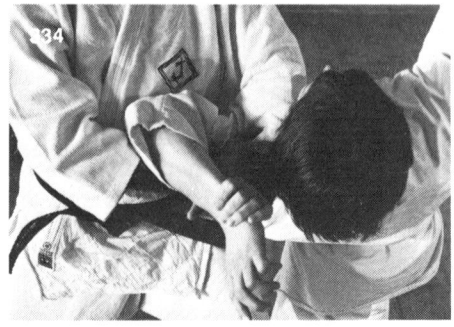

Der *Armbeugehebel* wirkt schmerz-haft durch Beugung und seitliche Verkantung des Scharniergelenks im Ellenbogen. Ausgeführt wird die Technik mit einer speziellen Verhe-belung des Arms, die sowohl im Stand wie am Boden anzuwenden ist (Abb. 334–337).

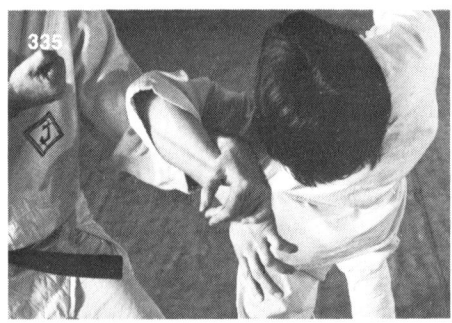

... gegen Messerstich von oben (Abb. 338–342)
SDna und Sticharm ablei-ten / Schocken mit Fauststoß zum Gesicht / Eingang zum Armbeuge-hebel / Armbeugehebel im Stand bis Messer fällt

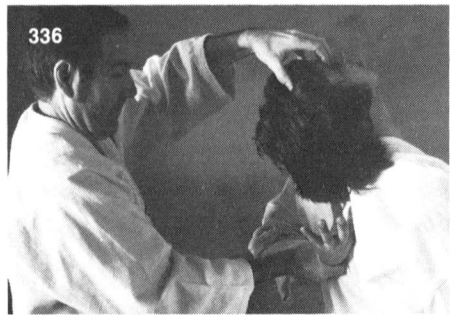

... gegen Würge im Reitsitz (Abb. 343–347)
Griffsprengen / Handspitzenstich zum Hals und Abwurf seitlich / Armeinklemmen zum Beugehebel in der Bodenlage / Aufheben zum Transportgriff

Weiter üben – rechts und links – nach dem Vielfältigkeitsprinzip!

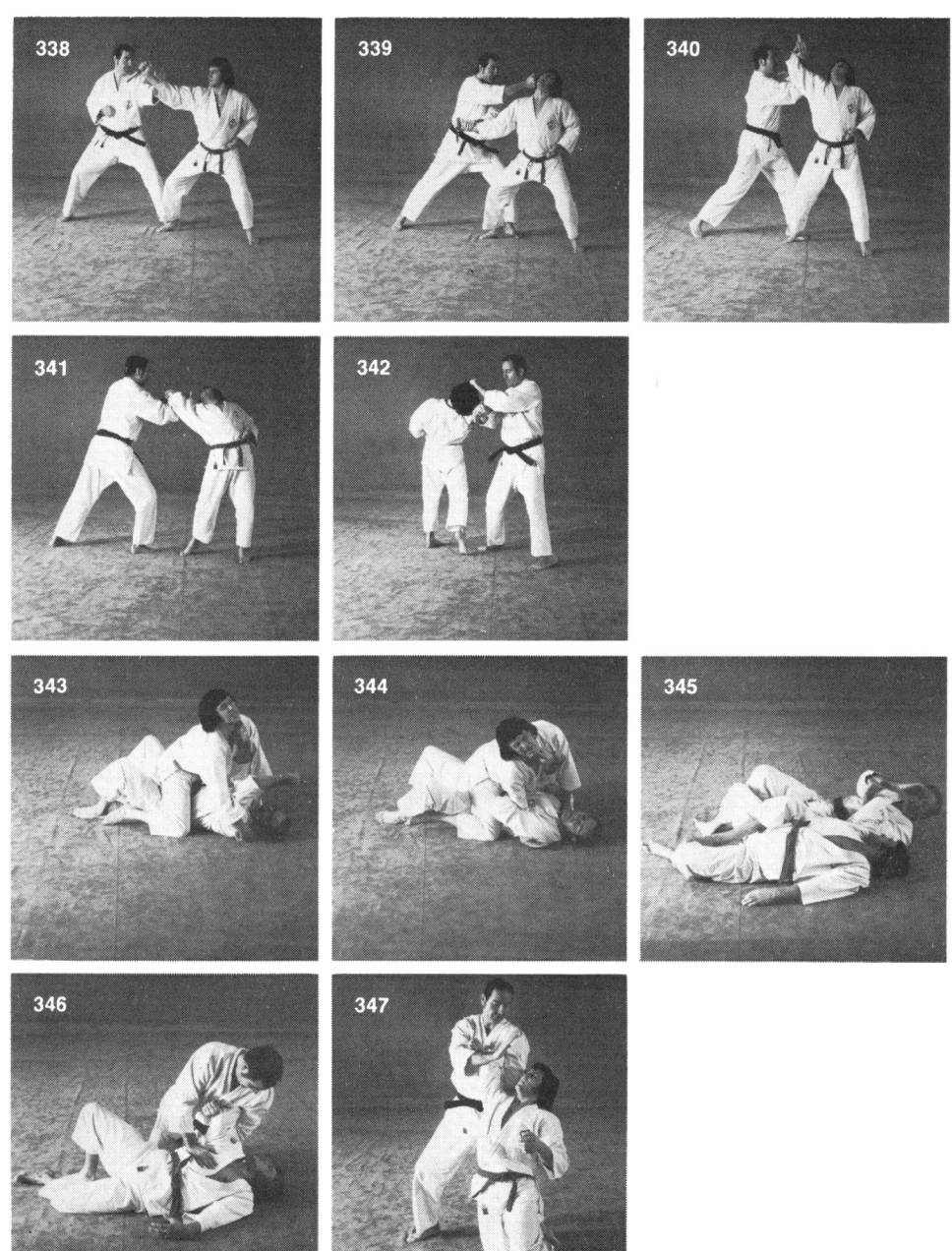

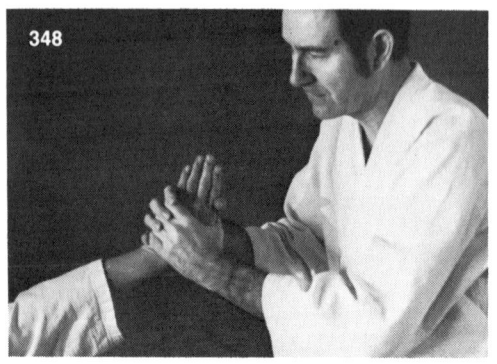

Mit dem *Handseithebel* werden die Handwurzelknochen am Handgelenk durch eine seitliche Beugetechnik in Richtung der Elle sehr schmerzhaft gepreßt. Viele, die eine Beugung der Hand in Richtung der Ellenbogenbeuge noch relativ gut ertragen können, reagieren auf die seitliche Beugetechnik spontan mit Schmerz.

Der Verteidiger umfaßt die Hand des Angreifers mit seinen beiden Händen, so daß die beiden kleinen Finger an der Ellenseite auf den Handwurzelknochen liegen (Abb. 348). Alle Eingänge zu dieser Technik entsprechen den früher beschriebenen Bewegungsabläufen des Handdrehbeugehebels.

. . . gegen Schwinger
(Abb. 349−352).
SDni / Handkantenblock / Handballenstoß / Handseithebel

Weiter üben − rechts und links − nach dem Vielfältigkeitsprinzip!

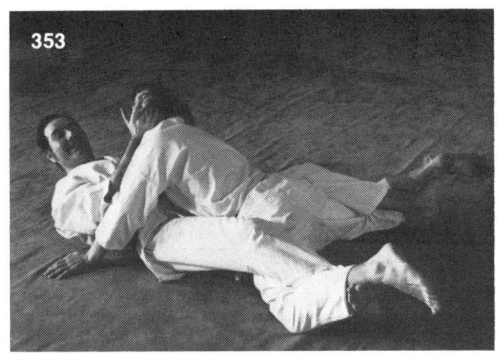

353

Der *Beinstrecker von oben/unten* wird zur Verteidigung in der Bodenlage angesetzt. Der Verteidiger schlingt seine Füße von außen nach innen um die Unterschenkel des Angreifers, streckt seine Beine und drückt dabei die Beine des Angreifers auseinander (Beinspreize) (Abb. 353–354). Der Schmerz zieht von der Leistenbeuge bis zum Hüftgelenk und löst Klammer- und Würgegriffe.

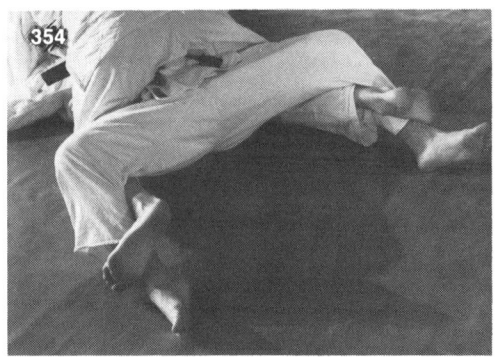

354

... Würge im Boden zwischen den Beinen (Abb. 355–358)
Beinstrecker von unten und Grifflösen / Genickhebel / Überrollen / Beinstrecker von oben / Atemi

Weiter üben – rechts und links – nach dem Vielfältigkeitsprinzip!

355

356

357

358

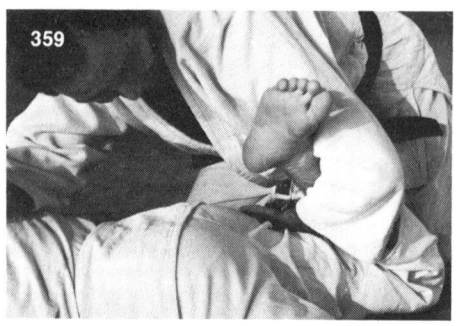

359

Der *Beinbeugehebel* wird in der Bodenlage angewendet; das Bein wird im Kniegelenk gebeugt. Zur maximalen Überdehnung des Kniegelenks legt der Verteidiger sein eigenes Bein oder den Arm in die Kniekehle des Angreifers und verstärkt den Druck auf den Unterschenkel in Richtung Oberschenkel durch Belastung mit seinem vollen Körpergewicht (Abb. 359–361).

360

Verteidigung
aus der Bodenlage
gegen einen
stehenden Angreifer
(Abb. 362–366)

Seitfußstoß /
Versuch
aus der Bodenlage
zu entkommen /
Nachsetzenden Gegner
mit Beinbeugehebel
(mit dem Unterarm)
festlegen

361

Verteidigung
aus der Bodenlage
gegen einen
stehenden Angreifer
(Abb. 367–372)

Seitfußstoß /
Beinbeugehebel /
Übergang zum
Transportgriff mit
dem Bein

*Weiter üben –
rechts und links –
nach dem
Vielfältigkeitsprinzip!*

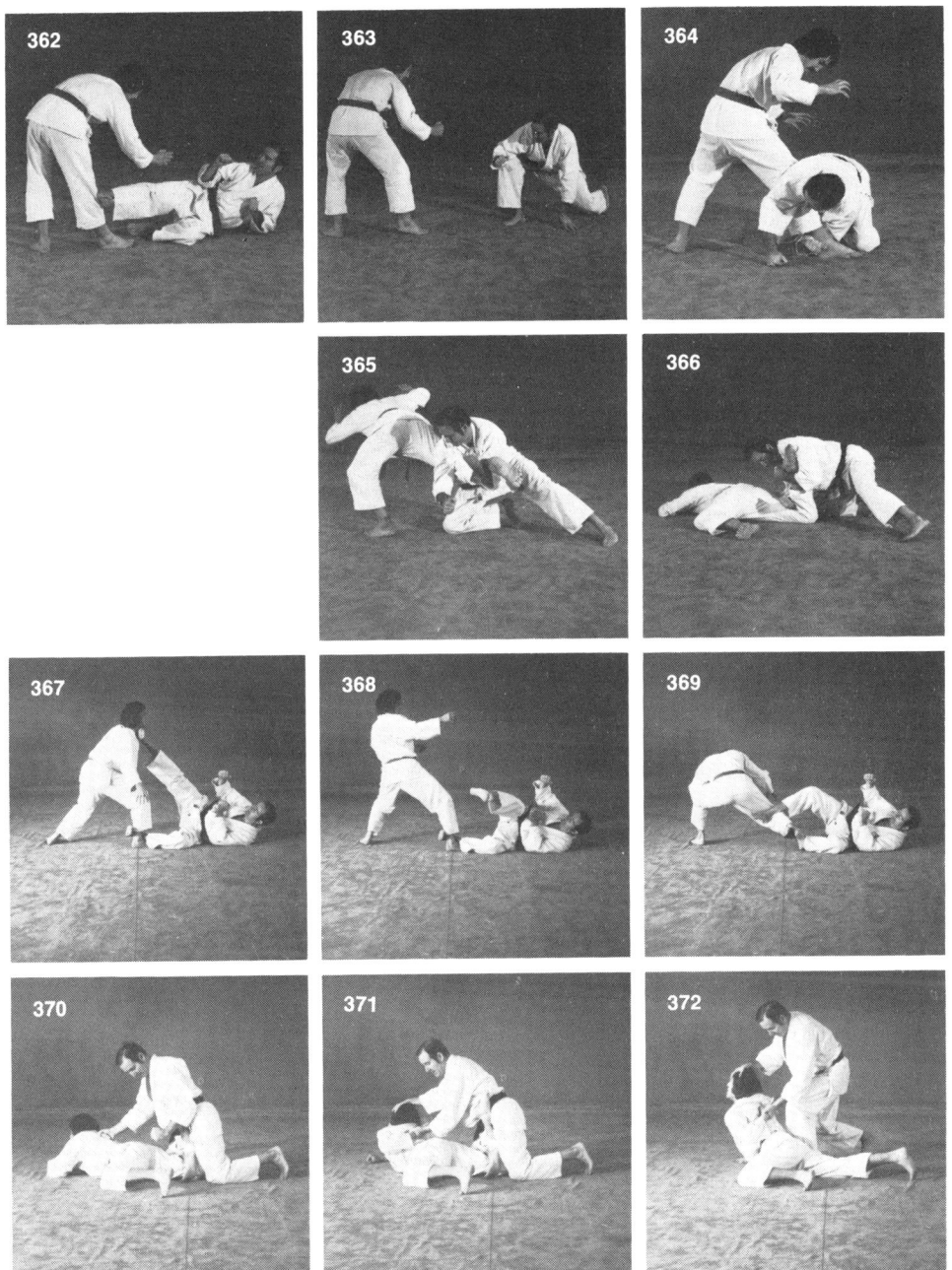

Die *Nierenschere* bewirkt eine schmerzhafte Pressung der Nieren und läßt den Atem knapp werden. Sie findet meist Anwendung am Boden, gelegentlich auch im Stand. Die Beine werden um den Angreifer geschlungen, in den Fußgelenken verschränkt und gestreckt. Dieses Strecken / Scheren erzeugt den Druck auf die Nieren, womit Klammer- und Würgegriffe gelöst werden (Abb. 374).

Beim *Körperrückstoß* erfüllt sich das Gegenwirkungsprinzip. Der Angriff des Gegners läuft durch geschicktes Ausweichen des Verteidigers ins Leere; sein Körperschwerpunkt bewegt sich in Richtung des Angriffs weiter, derweil sein Oberkörper durch ei-

. . . gegen Florettstich
(Abb. 378–381)

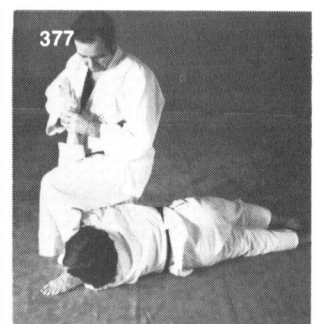

. . . gegen Umklammerung
am Boden (Abb. 373–377)

Nierenschere und Lösen der Klammerung / Genickdrehhebel / Überrollen / Fauststoß / Armstreckhebel	*Weiter üben – rechts und links – nach dem Vielfältigkeitsprinzip!*	*Variante:* . . . gegen Stockschlag von oben (Abb. 383–387)

nen kräftigen Schlag zurückgestoßen wird. Der Verteidiger bewegt seinen Körperschwerpunkt konträr dicht am Angreifer vorbei, wirft auf gleicher Höhe Hüfte' und Schulter des Schlagarms nach vorn und trifft mit der Innenseite seines im stumpfen Winkel gekrümmten Arms den Angreifer mit einem von unten nach oben/vorn gezogenen Schlag gegen Hals oder Kopf (Abb. 381). Die Wucht des Stoßes ist verheerend, der Angreifer verliert den Boden unter sich und schlägt mit seiner gesamten Körpermasse im freien Fall auf. Vorsicht beim Üben!

Als Variante läßt sich der Körperrückstoß in gemilderter Form ausführen, indem der Angreifer zuerst in seiner Bewegungsrichtung in einer Kreisbewegung weitergeführt – also nicht gestoppt – und dann in einer Gegenbewegung zurückgestoßen wird.

Beim *Reisballenwurf* begibt sich der Verteidiger selbst in die Bodenlage, hebt dabei den Gegner hoch und wirft ihn wie einen schweren Reisballen über sich hinweg nach hinten ab.

Der Wurf eignet sich bei einem Angriff gegen die Beine, z.B. eine Doppelhandsichel (siehe dort), oder bei abgebeugter Verteidigungsstellung, wie es häufig im Ju-Jutsu-Wettkampf der Fall ist.

... gegen Wegziehen der Beine
Der Gegner wird unter seinem abgebeugten Körper fest umfaßt, dabei bewahrt man zuerst die eigene Standfestigkeit. Aus einer leichten Kniebeuge mit abgebeugter Hüfte läßt sich dann der Verteidiger rückwärts fallen und wirft den Angreifer über die linke oder rechte Schulter aus der Bodenlage heraus rückwärts ab. Dabei ist der Kopf nach rechts zu wenden, wenn der Wurf über die linke Schulterseite erfolgt bzw. umgekehrt, wenn nach der anderen Seite geworfen wird. Damit soll vermieden werden, daß der Wurf über das Gesicht führt und zu Verletzungen des Verteidigers führt (Abb. 388 – 390).

Als Nachfolgetechnik bieten sich an: Rundfauststoß aus der Bodenlage oder Mitrollen und im Kniesitz Armstreckhebel mit Würge.

392

Beim *Hebehüftwurf* wird der Angreifer durch Zugheben nach vorn aus dem Gleichgewicht gebracht. Gleichzeitig dreht der Verteidiger seinen Körper um 180 Grad zum Angreifer ein, setzt seinen Körperschwerpunkt mit engem Kontakt unter dessen Körperschwerpunkt, benutzt die Hüfte als Drehpunkt, streckt die Beine, hebt dadurch den Angreifer aus und wirft ihn mit einer leichten Kreisdrehbewegung nach vorn ab (Abb. 392).

393

394

395

. . . gegen Schlag
von oben mit einem Stuhl
(Abb. 393–397)

Abfangen und DSDni /
Wurf / Armstreckhebel
mit Festlegen

396

397

Das *Seitenrad* zählt zu den Körperwürfen aus der Seitenlage am Boden und es wird schwungvoll durch Einsatz der eigenen Körpermasse ausgeführt.

Der Angreifer wird durch ein dynamisches Eindrehen des Verteidigers nach vorn aus dem Gleichgewicht gebracht. Der Verteidiger bringt dabei seinen Körperschwerpunkt von vorn tief unter den Angreifer, stoppt dessen Vorwärtsbewegung am Bein, führt aber den Körper mit den Händen in der Bewegungsrichtung weiter, so daß der Angreifer diagonal fallen muß.

. . . gegen Schwitzkasten von der Seite (Abb. 398–402)

Lösen durch Schock in den Hoden / SDnie / Wurf / Verteidigungsstellung

Weiter üben – rechts und links – nach dem Vielfältigkeitsprinzip!

Der *Scherenwurf* wird sowohl aus dem Stand wie aus der Bodenlage ausgeführt. In jedem Fall ist der Angreifer von der Seite zwischen die gegrätschten Beine zu nehmen und durch Scheren der eigenen Beine unter gleichzeitiger Drehung des Körpers in der Horizontalen rückwärts zu werfen. Dabei fegt das untere Bein die Beine des Angreifers nach vorn weg, während das obere Bein dessen Oberkörper nach hinten wegdrückt bzw. wegschlägt. Im Stand setzt der Scherenwurf einen mehr oder weniger freien Ansprung voraus (Abb. 403).

. . . gegen geraden Fauststoß (Abb. 403–405)
Handfegen / Scherensprung / Wurf / Fersentritt am liegenden Gegner

. . . als Verteidigung in der Bauchlage (Abb. 406–408)
Körperdrehung / Wurf / Doppelbeinbeugehebel / Fauststoß

. . . gegen Stockschlag von innen (Abb. 409–411)
Freier Ansprung / Wurf / Fersentritt am liegenden Gegner

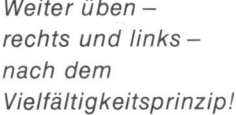

*Weiter üben –
rechts und links –
nach dem
Vielfältigkeitsprinzip!*

Scherenwurf gegen Stockangriff

412

Das *Hüftfegen* zählt zur Gruppe der Hüftwürfe. Für den Wurfeingang, Brechen des Gleichgewichtes und den Abwurf gelten die gleichen Kriterien, wie für den großen Hüftwurf (siehe Bd. I, S. 49−51). Beim Hüftfegen kommt es darauf an, dem Gegner mit der Hüfte bzw. dem Oberschenkel die Beine nach hinten wegzufegen und ihn nach vorne abzuwerfen. Dadurch können auch Gegner leicht geworfen werden, die beim großen Hüftwurf über die sperrende Hüfte springen wollen oder einen Hüftwurfansatz mit der eigenen Hüfte stark abblocken.

. . . gegen Schlägerangriff (Schwinger rechts − links)
Abfangen des Schlages mit Unterarm- oder Handkantenblock, DSDni und Wurfeingang (hier zuerst zum Hüftwurf), Angreifer springt ab, Hüftfeger, Abwurf und Nachgehen in die Bodenlage mit Festlegen durch Armstreckhebel oder Festhalten mit Armbeugehebel. Diese Bodentechniken sind weniger für die Selbstverteidigung im Straßenkampf als vielmehr für das Wettkampf-Ju-Jutsu auf der Matte empfehlenswert.

Der *Halbkreisfußtritt* wird in der Regel nach vorn mit dem Fußballen als Auftrefffläche (als leichter Schocktritt auch mit dem Spann) und nach rückwärts mit der Ferse getreten (Abb. 412/414/415). Beim Halbkreisfußtritt vorwärts tritt das seitwärts hochgezogene und stark angewinkelte Bein von außen nach innen im Halbkreis zum Ziel. Der Unterschenkel schnappt mit einer leichten Drehung des ganzen Körpers um die Körperlängsachse aus dem Kniegelenk blitzschnell vor und in die Ausgangsstellung zurück (Abb. 413).

. . . gegen Stockschlag von oben beidhändig (Abb. 416–419)

SDna / Halbkreistritt vorwärts / Halbkreistritt rückwärts / Abnehmen des Stocks

Beim Halbkreisfußtritt rückwärts wird das Bein seitlich ausgestreckt und mit einer extrem schnellen Bewegung des Körpers um die Längsachse kraftvoll rückwärts geschleudert. Der Unterschenkel wird kurz vor dem Auftreffpunkt ruckartig angewinkelt und trifft mit der Ferse das Ziel (Abb. 415).

Varianten: Halbkreisfußtritt aus dem Kniestand vorwärts (Abb. 420–422), rückwärts (Abb. 423–426)

Weiter üben – rechts und links – nach dem Vielfältigkeitsprinzip!

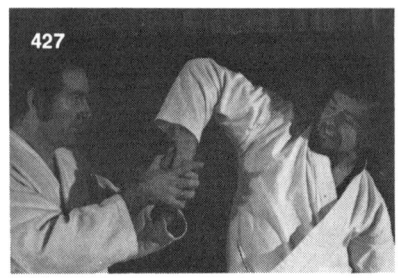

Der *Handdrehgriff* verdreht die Hand im Handgelenk und wirkt sich schmerzhaft bis zum Ellenbogengelenk aus. Die Ausführung gleicht dem Armdrehgriff (vgl. dort), jedoch mit veränderter Griffhaltung der Hände (Abb. 427).

Ausführung – auch als Festlegegriff – am Boden (Abb. 428).

| 429 |  430 |  431 |

| 432 |  433 |

... gegen Handfassen (Abb. 429–433) Schock mit Handballenstoß links zum Gesicht / Eingang mit DSDni unter dem Arm des Angreifers hindurch / Handdrehgriff im Stand / Festlegen im Boden

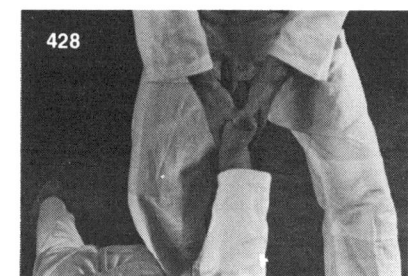

428

434

*Weiter üben – rechts und links –
nach dem Vielfältigkeitsprinzip!*

435

436

437

438

439

440

. . . gegen Würge von hinten mit dem Unterarm, eine Hand gefaßt (Abb. 434–440)
Fersentritt auf Zehen / Handdrehgriff nach oben / Herauswinden mit Zug am Würge-
arm / Handdrehgriff von unten / Festlegen am Boden

Der *Armriegel von innen* überdehnt das Ellenbogengelenk und eignet sich für Verteidigungen im Stand und am Boden. Die Verriegelung mit den Armen ähnelt dem Beinriegel (vgl. dort).
Es ist darauf zu achten, daß der Griffansatz zur Vermeidung von Konteraktionen nicht frontal zum Angreifer, sondern aus seitlicher Position erfolgt (Abb. 441).
Armriegel von außen (s. Bd. I, S. 58).

. . . gegen Griff
in den Oberärmel von
hinten (Abb. 442–445)

SDni mit Handballenschock /
Armriegel /
kleine Außensichel /
Armriegel
am Boden / Atemi

. . . gegen Würge
zwischen den Beinen
am Boden (Abb. 446–449)

' Griff sprengen /
Armriegel /
Festlegen am Boden

Der *Armbrecher* resultiert aus einem ruckartigen Überstrecken des Ellenbogengelenks über oder gegen eine feste Auflage (z. B. Arm, Schulter, Knie usw.).

Armbrecher über
die Schulter (Abb. 451)

. . . gegen Griff in die Revers
und Stich mit einer
abgebrochenen Flasche
zum Gesicht (Abb. 450)

Armbrecher mit
Unterarmblock von
außen (Abb. 452)

Armbrecher mit
Unterarmblock von
außen – Variante
(Abb. 453)

*Weiter üben – rechts und links – nach dem Vielfältig-
keitsprinzip!*

Der *Schulterdrehgriff* bewirkt eine Überdehnung des gehebelten Schultergelenks nach hinten. Der Griff eignet sich auch als Transportgriff für eine kurze Strecke (Abb. 454).

... gegen Pistolenangriff von vorn (Abb. 455–461)

KAna / Handfegen / Schulterdrehgriff / Abwurf / Abnehmen der Waffe am Boden / Schlag mit der Waffe gegen den Angreifer

Weiter üben – rechts und links – nach dem Vielfältigkeitsprinzip!

Die *Beinhalsschere* zählt zur Würgetechnik. Durch Scheren der um den Hals verschlungenen Beine mit ineinandergehakten Füßen wird auf Kehlkopf und Luftröhre oder seitlich angesetzt auf die Schlagadern gedrückt (Abb. 462).

. . . gegen Würge am Boden von der Seite (Abb. 463–471)

Handballenstoß / Beinhalsschere / Armbeugehebel / Transportgriff

Durch den *Beinrückwurf* wird der Angreifer rückwärts frei abgeworfen. Das angreifende Bein wird von vorn erfaßt und in Richtung des Gegners maximal hoch gerissen. Bei rasanter Ausführung ist ein gefährlicher Sturz auf die Halswirbelsäule unvermeidbar. Vorsicht beim Üben!

. . . gegen Fußtritt von vorn (Abb. 472–474)
SDna / Unterarmblock / Wurf / Fußstoß am liegenden Gegner

Beim *Rückriß* wird der Angreifer mit einem festen Zug beider Hände an den Schultern rückwärts niedergeworfen. Nur durch den kräftigen Zug in vertikaler Richtung nach unten verliert der Angreifer sein Gleichgewicht und kann den Fall nicht vermeiden. Variante: Der Zug kann auch an den Haaren oder in den Augenhöhlen – von hinten über den Kopf gegriffen – angesetzt werden (Abb. 475).
Erfolgt der Abwurf auf ein hochgestelltes, besteht große Verletzungsgefahr der Wirbelsäule (Abb. 476).

. . . gegen Fußtritt
von vorn
(Abb. 477–479)
SDna / Unterarmblock /
Rückriß / Atemi

Bei der *kleinen Außensichel* wird der Angreifer durch Zug am Arm nach vorn und Wegsicheln eines Standbeins von außen zu Fall gebracht. Zuvor ist der Angreifer durch entsprechende Bewegungsführung in eine labile Standposition zu bringen, um den Fußwurf zu erleichtern (Abb. 480).

. . . gegen Messerstich von innen (Abb. 481–487)
SDna / Doppelblock / Fußwurf / Handbeugehebel / Abnehmen des Messers / Aufhebegriff

Weiter üben – rechts und links – nach dem Vielfältigkeitsprinzip!

Beim *Talfallzug* bricht der Verteidiger das Gleichgewicht des Angreifers nach seitlich rückwärts, gleitet in die Bodenlage und blockiert dort den Angreifer mit seinem Bein von hinten, so daß dieser nicht rückwärts ausweichen kann und zu Fall kommt (Abb. 488).

... gegen Würge mit dem Unterarm von hinten (Abb. 489–493)

Grifflösen
mit Schockschlag /
SDni und hinten /
Wurf / Atemi

*Weiter üben –
rechts und links –
nach dem
Vielfältigkeitsprinzip!*

Beim *Körperwurf* wird der Angreifer durch eine diagonale Drehung um seine Körperlängsachse nach vorn geworfen. Der Verteidiger bringt dabei den Angreifer durch Zug nach vorn aus dem Gleichgewicht und sperrt dessen Beine. Dabei sind verschiedene Griffvarianten möglich (Abb. 494).

... gegen Stockschlag
von oben, einhändig
(Abb. 495–499)
Abfangen des Schlags mit
DSDni zum Wurfeingang /
Körperwurf /
Handbeugehebel am
Boden /
Abnehmen des Stocks

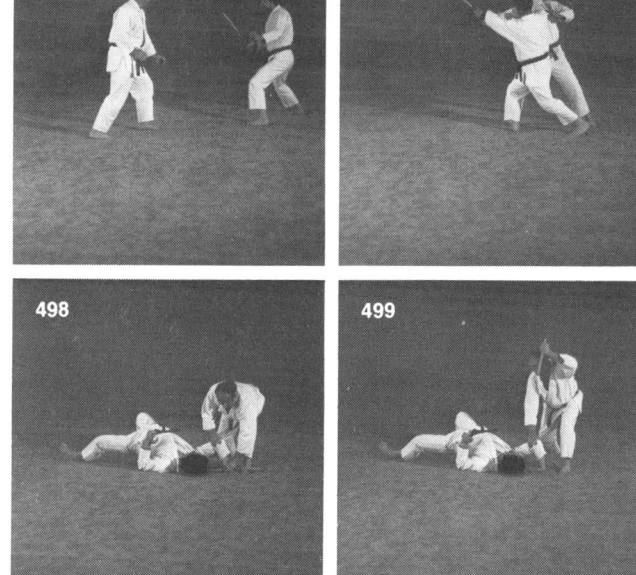

*Weiter üben –
rechts und links –
nach dem
Vielfältigkeitsprinzip!*

Der *Umarmungswurf* erfolgt mit festem Kontakt zum Gegner. Der Verteidiger verlagert seinen Körperschwerpunkt nach unten, umklammert seinerseits den Angreifer und läßt sich nach einer schnellen Strekkung seiner Beine und Drehung um die Körperlängsachse mit dem Angreifer diagonal nach hinten fallen (Abb. 500).

... gegen Umklammerung von vorn über den Armen (Abb. 500–502)
Ausheben / Wurf / Atemi

Weiter üben – rechts und links – nach dem Vielfältigkeitsprinzip!

Beim *Schwertwurf* wird der Angreifer nach Verdrehung eines Arms rückwärts abgeworfen. Der beidhändige Zug an dem verdrehten Arm nach hinten erfolgt in der Form eines Schwertschlags im Halbkreis von oben nach unten und reißt den Angreifer zu Boden. Der Wurf setzt in jedem Fall eine schnelle Drehung des Verteidigers mit 180 Grad um seine Körperlängsachse voraus, wobei er mit engem Kontakt zum Angreifer dessen Arm zum Abwurf verhebelt (Abb. 503).

... gegen Stockschlag von außen (Abb. 504–510)
Schlag ableiten mit SDni / Schock mit Handballenstoß zum Gesicht / entgegengerichtete DSD mit Schwertwurf / Abnehmen des Stocks / Stockwürge am Boden

Weiter üben – rechts und links – nach dem Vielfältigkeitsprinzip!

113

Der *Schenkelwurf* ist eine spezielle Technik, um einen Gegner, der mit gespreizten Beinen eine standfeste Verteidigungsstellung einnimmt und durch Bewegungsführung schlecht aus dem Gleichgewicht zu bringen ist, werfen zu können.

Das Gleichgewicht ist durch Zug nach vorne zu stören, die Hinterseite des Oberschenkels gegen die Innenseite des Oberschenkels beim Gegner zu schlagen und diesen mit Körperkontakt und starker Hüftdrehung auszuheben und abzuwerfen.

... gegen abgesperrte Verteidigungsstellung nach Schlagabwehr

Der Verteidiger will in Nachfolge eines zuvor mit Blocktechnik abgewehrten Schlagangriffes einen Wurf ansetzen, was der Angreifer durch Absperren zu verhindern sucht. Stören der Standfestigkeit durch kleine Innensichel, 180° Eindrehen mit DSDni, Schenkelwurf, Festlegen mit Armstreckhebel im Stand. Der Eingang zum Schenkelwurf kann auch unmittelbar — ohne Ansatz einer kleinen Innensichel — erfolgen.

Abnehmen von Waffen

Bei der Selbstverteidigung gegen bewaffnete Angreifer ist die sicherste Abwehr, den Angreifer zu entwaffnen und die Waffe sicherzustellen. Bei der Darstellung der Techniken wurde das mehrfach in Kombinationen gezeigt. Hier eine Zusammenstellung der häufigsten Grifftechniken zur Abnahme von Stock, Messer und Schußwaffe.

Handdrehbeugehebel
gegen Angriffe mit

Stock

Messer

Schußwaffe

Stock

Messer

Schußwaffe

Körperstreckhebel
gegen Angriffe mit

Bauchstreckhebel
gegen Angriffe mit

Stock

Messer

Stock

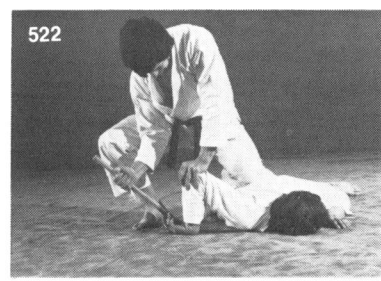

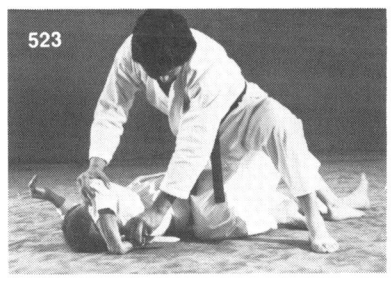

Messer

Armstreckhebel zum Boden gegen Angriffe mit

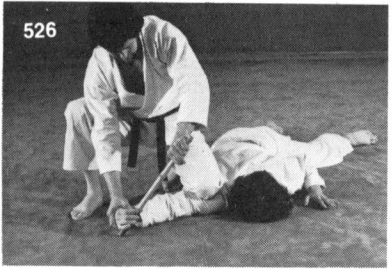

Stock

Messer

Armstreckhebel über die Schulter gegen Angriffe mit

Stock

Messer

Schußwaffe

Armstreckhebel in der Bank gegen Angriffe mit *Messer*

Armdrehgriff
gegen Angriffe mit *Stock*

Armbeugehebel
gegen Angriffe mit *Stock*

Kreuzfesselgriff
gegen Angriffe mit *Stock*

Messer

Messer

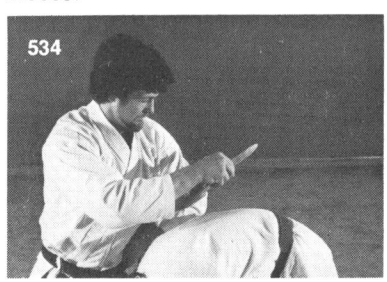

Schußwaffe

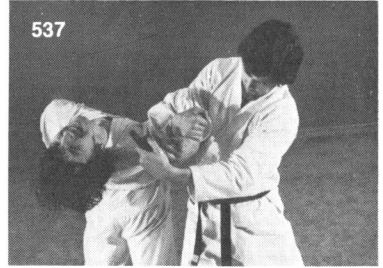

Transport- und Aufhebegriffe bei passivem Widerstand

Bei der Abwehr von Angreifern wurden im Verlauf der Programme mehrfach Transportgriffe in Kombination mit anderen Techniken dargestellt.
Nachstehend werden für drei Transportgriffe spezielle Eingänge gezeigt, die bei passivem Widerstand vom Verteidiger mit größtmöglicher Sicherheit unter Vermeidung von persönlichem Risiko angewendet werden können:

Armbeugehebel: Eingang im Stand

Armbeugehebel: Eingang im Boden, liegend

120

Armbeugehebel:
Eingang
im Boden, sitzend

Kreuzfesselgriff:
Eingang
im Boden,
liegend

Rückentransport:
Eingang
im Boden, liegend

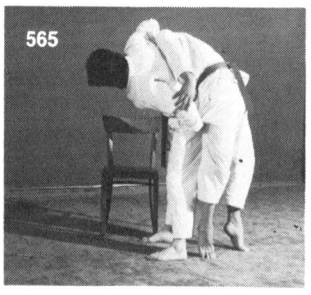

Rückentransport:
Eingang auf dem Stuhl, sitzend

Freie Abwehr mehrerer Angreifer

„Ein halbherziger Versuch zu kämpfen, der den
Angreifer nicht sofort und völlig entwaffnet und
überwältigt, ist geeignet, die Kriminalstatistik an-
stelle eines schweren Raubes um einen zusätz-
lichen Raubmord zu vergrößern."

Hans von Hentig
(Professor der Kriminologie)

Die Abwehr mehrerer freiangreifender Gegner ist – obwohl erst bei der Prüfung für den
1. Dangrad verlangt – bereits früher zu üben, denn hier erweist sich der wahre Wert des
Ju-Jutsu als wirkungsvolle waffenlose Selbstverteidigung für den Ernstfall.
Geschult werden bei diesem Training Reaktionsvermögen, Übersicht, Raumeinteilung,
rationelles Bewegen, Explosivkraft und schnelles, situationsgerechtes Anwenden der
erlernten Selbstverteidigungstechniken. Daneben werden Kraft und Kondition ge-
stärkt, da für die Prüfung auf eine Zeit von 5 bis 10 Minuten zu trainieren ist, während
der sich der Verteidiger fortwährender Angriffe erfolgreich und fehlerfrei zu erwehren
hat.

Im Ernstfall sind 10 „Spielregeln" zu beachten:

1. Alle Angreifer immer gleichzeitig im Auge behalten, sich nicht nur auf einen konzentrieren! Dadurch erkennt man sofort, woher der Angriff kommt.

2. Möglichst den Rücken frei halten und soviel Distanz zu den Angreifern herstellen,
daß man bei einem überraschenden Angriff genügend Raum und Zeit zum Reagieren
hat.

3. Angriff ist die beste Verteidigung und ist als Überraschungseffekt immer dann zu
wählen, wenn die Situation erkennen läßt, daß es keinen anderen Ausweg gibt.

4. Täuschen ist sinnvoll und hilfreich, zum Beispiel: Blickrichtung zum einen Gegner
und Sofortangriff gegen den Nächststehenden richten. Ablenken durch Zuruf an einen
simulierten Helfer, dann sofort angreifen.

5. Keinen Körperkontakt zustande kommen lassen, der den Angreifern ein Klammern, Festhalten oder Herunterziehen ermöglicht. Ausweichen, Bewegen, Rotieren, kein stehendes Ziel bieten.

6. Gegen mehrere Angreifer immer zuerst Atemi-Techniken anwenden; durch Schläge, Tritte und Stöße Gegner abwehren und kampfunfähig machen.

7. Stets so bewegen, daß immer nur ein Gegner angreifen kann. Bei Würfen oder Hebeltechniken den Angreifer zwischen sich und die anderen bringen, damit diese beim Angriff behindert werden.

8. Atemi-Techniken sind gezielt gegen empfindliche, leicht verletzbare Körperteile zu richten. Das erspart Wiederholungen. Hebel durchreißen, Würfe auf harte und eckige Unterlagen plazieren.
Alles aber nur, solange „Not am Mann" und die eigene Haut ernsthaft bedroht ist. Der Grundsatz der „Verhältnismäßigkeit der Mittel" bleibt oberstes Gebot.

9. Konnte ein Angreifer entwaffnet werden, ist die sichergestellte Waffe zur weiteren Selbstverteidigung zu nutzen, sofern man im Umgang damit geübt ist (vgl. z. B. Stock-techniken – Stick-fighting – gegen Angriffe mit Messer und Nunchaku – Abb. 622–627 sowie „Ju-Jutsu 3", Bd.-Nr. 0485).

10. Der Kampfschrei „Kiai" – als psychologisches Kampfmittel eingesetzt – schockt selbst erfahrene Angreifer und gibt dem Verteidiger ein zusätzliches seelisches Korsett.

Können stärkt das Selbstvertrauen, Selbstvertrauen macht sicher und überlegen! Sicherheit und Selbstvertrauen sind für den Könner die Früchte eines fleißigen Trainings. Nicht, wer die Techniken kennt, hat Erfolg, sondern wer sie beherrscht. Nachfolgende Beispiele zeigen, wie man sich gegen mehrere Angreifer verteidigen kann.

Merke:

Im Ernstfall mit der Selbstverteidigung erfolgreich sein zu können heißt, schneller als der Angreifer zu sein.

Schnelligkeit und Technik lassen sich trainieren!

Übung macht den Meister!

10 Serien „Abwehr mehrerer Angreifer im Freien"

Freie Abwehr von 3 bewaffneten Angreifern

(Der Verteidiger trägt auf den nachfolgenden Seiten zur deutlichen Unterscheidung von den Angreifern einen Kampfanzug (Gi) mit dunklem Oberteil)

Körperrückstoß und Fauststoß gleichzeitig gegen zwei Angreifer

1. Serie (Abb. 566–572)
Abwehrtechniken: Seitfußstoß / umgekehrter gerader Fauststoß / Handballenstoß / Armriegel von außen

2. Serie (Abb. 573–579)
Abwehrtechniken: Fußtritt vorwärts / Schulterwurf / Handkantenblock / Kipphandhebel / Festlegegriff und Abnehmen des Messers mit Handdrehbeugehebel

3. Serie (Abb. 580–586)
Abwehrtechniken: Schulterwurf / Fußstoß rückwärts / Armstreckhebel zum Boden
mit Abnehmen des Stocks mit Handdrehbeugehebel

4. Serie (Abb. 587–592)
Abwehrtechniken: Doppelhandsichel von hinten (Angriff) / Seitfußstoß aus der Bodenlage / Beinbeugehebel / Fußstoß rückwärts aus der Bodenlage

5. Serie (Abb. 593–599)
Abwehrtechniken: Unterarmblock und gerader Fauststoß / Seitfußstoß / Handkantenblock und links eingedrehter Hüftwurf / Fersenstoß

6. Serie (Abb. 600–606)
Abwehrtechniken: Außendrehwurf nach hinten oder große Außensichel / Fußstoß rückwärts / Doppelhandsichel / Doppelbeinriegel im Rücksitz

7. Serie (Abb. 607–612)

Abwehrtechniken: Handfegen und Körperrückstoß / Entreißen des Schlagstockes am fallenden Gegner / Messerblock mit Stock von außen / Stockschlag auf Handgelenk / Stockstich zum Hals

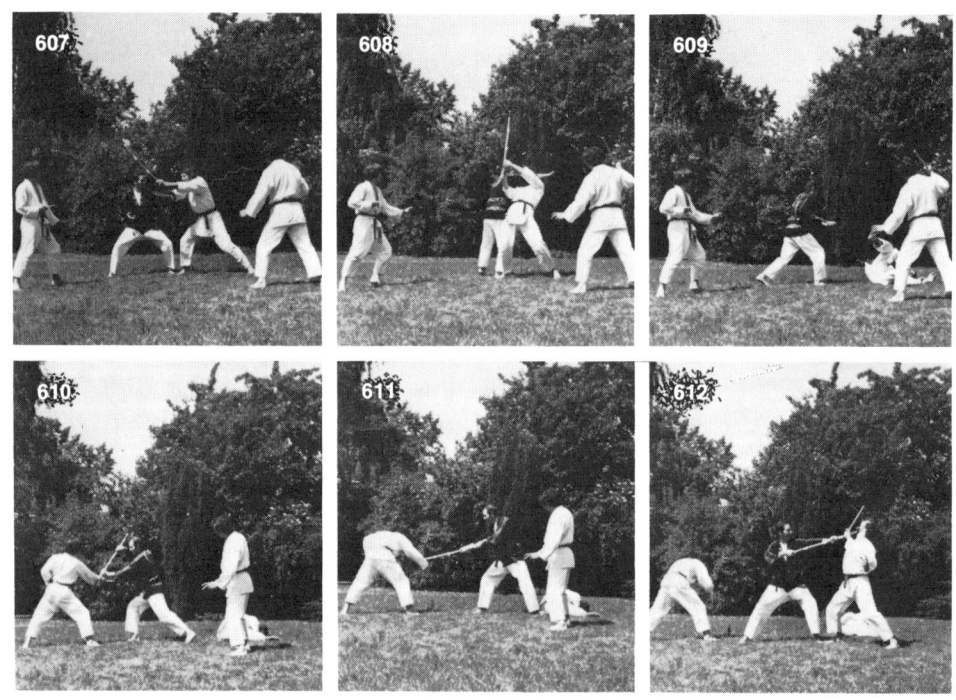

8. Serie (Abb. 613–621)

Abwehrtechniken: Doppelfußstoß zur Brust / Schulterwurf / Sprungseitfußstoß / Entreißen des Stocks / Stockblockade gegen Schlag mit Nunchaku / Einhandstockschlag zum Kopf

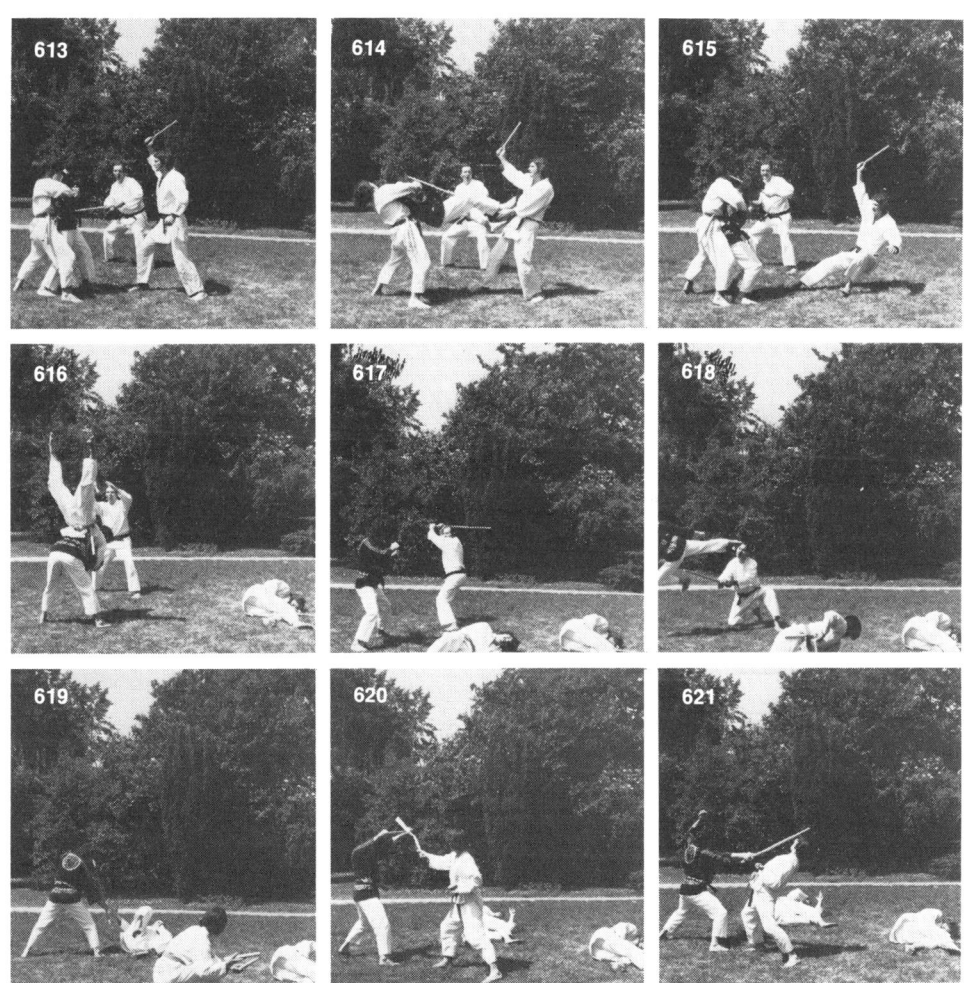

Ergänzung hierzu (Stick-fighting):
verschiedene Stockblocktechniken gegen Angriffe mit Nunchaku und Gegenangriffe mit Doppelhandstockschlägen bzw. -stichen

Weitere Stocktechniken enthält „Ju-Jutsu 3",
Bd.-Nr. 0485, in etwas ausführlicherer Darstellung.

9. Serie (Abb. 628–636)

Abwehrtechniken: Unterarmblock gegen Fußstoß rückwärts / Hammerschlag / Fußtritt rückwärts aus der Rückenlage / Abwehr eines Messerstichs in
der Bodenlage durch Handfegen und Körperabdrehen / Kipp-
streckhebel am Boden / Abnehmen des Messers mit Handdrehbeugehebel

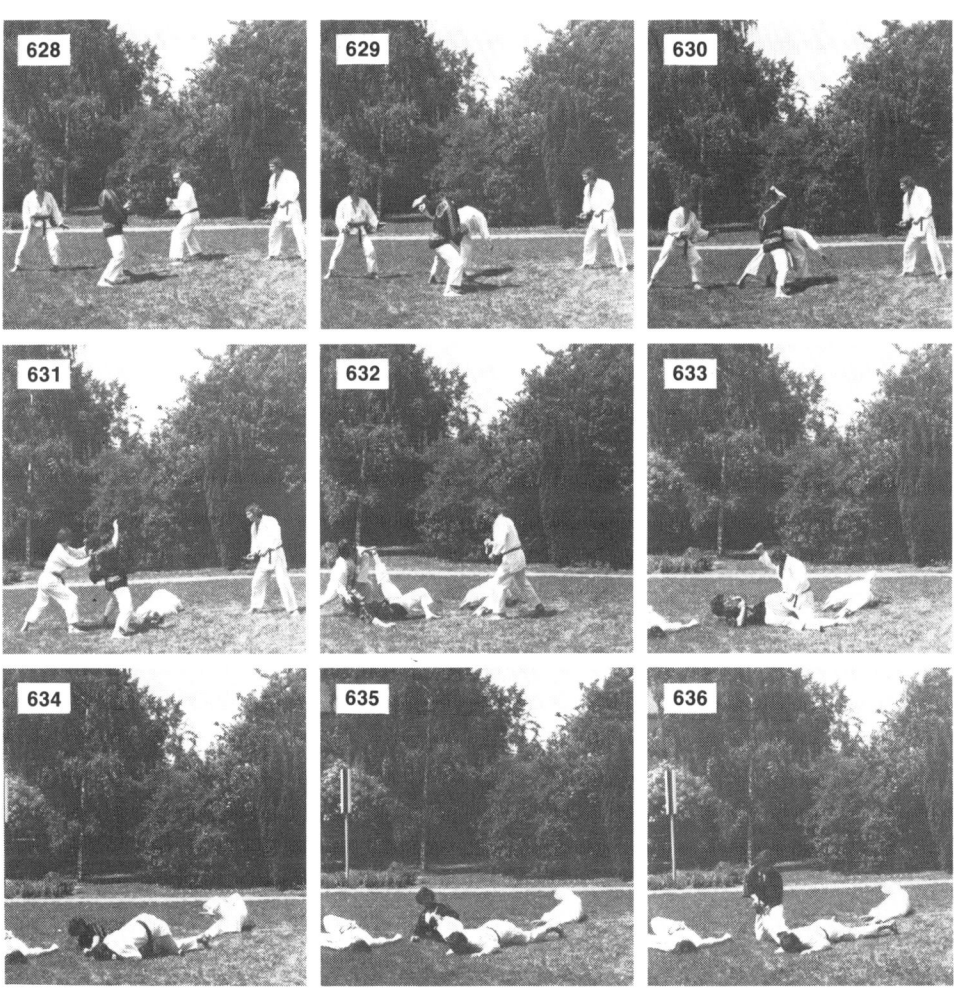

10. Serie (Abb. 637–644)

Abwehrtechniken: Fußtritt vorwärts / Fußstoß rückwärts / Armstreckhebel zum Boden / Festlegegriff / Abnehmen des Stocks / Fingerhebel / Fingerhebelaufhebe- und -transportgriff

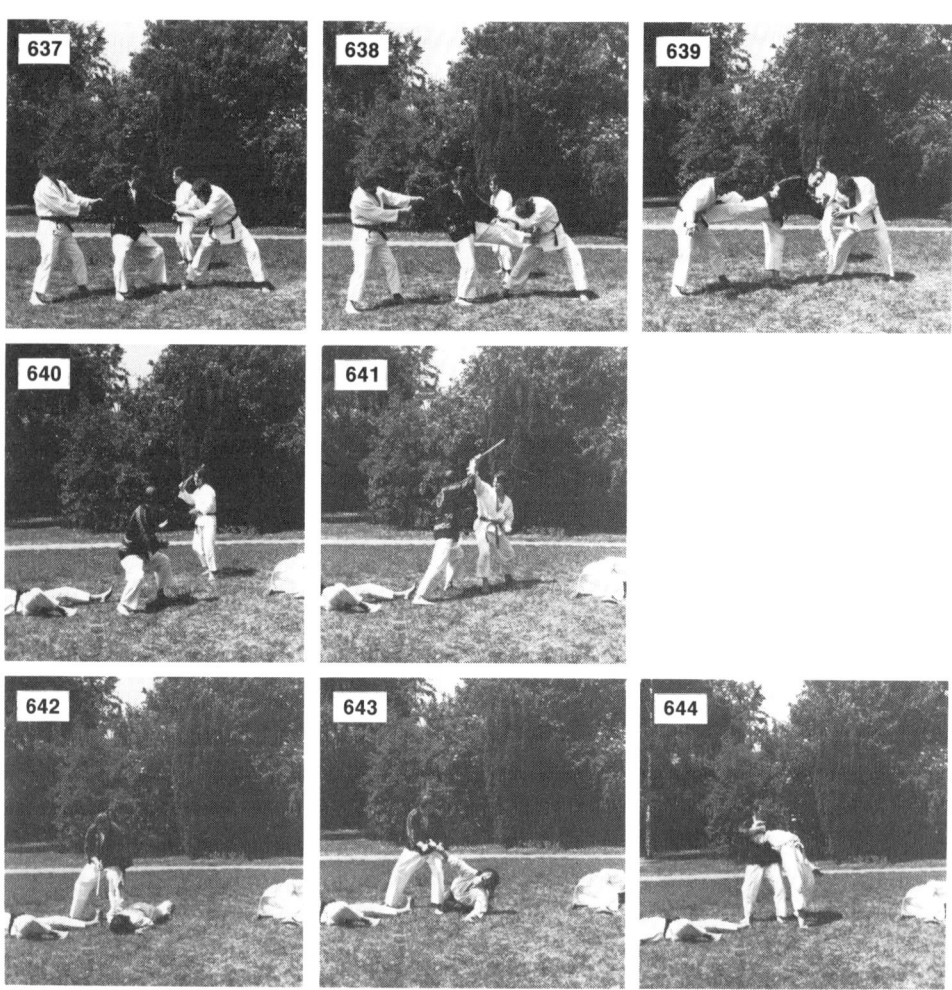

Konditions- und Härtetraining im modernen Ju-Jutsu

1. Konditionstraining
Es gibt zwei Arten von Kondition, und zwar die allgemeine und die spezielle. Die allgemeine Kondition ist die Voraussetzung oder die Basis für den Aufbau einer speziellen Kondition. Die spezielle Kondition richtet sich jeweils nach der betriebenen Sportart. Was ist nun Kondition?
Kondition bedeutet wörtlich übersetzt soviel wie Vorbedingung, Gesamtzustand oder Verfassung, Voraussetzung, Beschaffenheit, für die Praxis einfach mit Trainingszustand gleichzusetzen.
Eine Konditionsarbeit umfaßt grob eingeteilt etwa vier Punkte: a) Die allgemeine harmonische Entwicklung aller Muskeln nach Kraft, Schnelligkeit, Stehvermögen und Ausdauer, je nach Erfordernis der Sportart.
b) Die Sonderentwicklung jener Muskeln, die für die spezielle Bewegungsstruktur hauptsächlich gebraucht werden.
c) Schaffung einer hervorragenden Gesundheits- und Leistungsform des gesamten inneren Organismus (Kreislauf, Atmungsfunktion, Stoffwechsel, Nervensystem).
d) Erhöhung der Willensqualitäten aus Freude am Training, an der Leistung, am Wettkampf, am Leben.
Der Überbegriff Kondition gliedert sich also in verschiedene Elemente: Kraft, Ausdauer, Schnelligkeit, Geschicklichkeit, Gesundheit und Willensstruktur. Jeder einzelne Punkt muß geschickt trainiert werden; erst alle zusammen ergeben ein Ganzes (— Kondition).
Alle Grundtechniken des Ju-Jutsu können als Konditionsübungen ausgeführt werden. Wichtig ist einzig und allein, daß Intensität, Zeit und Kraftaufwand genau dosiert werden.
Ein ideales Konditionstraining im Ju-Jutsu ist die Abwehr von mehreren Angreifern über eine bestimmte Zeit; diese Form erfüllt alle Forderungen der modernen Konditionsschulung in einer Übungseinheit (Kraft, Schnelligkeit, Reaktionsvermögen, Ausdauer, Geschicklichkeit und Festigung der Willensstruktur).

1.1 Schnellkrafttraining
Das Krafttraining ist allgemein eine wesentliche Grundlage für jede sportliche Leistungssteigerung. Es bewirkt vorwiegend die Funktionssteigerung des Nerv-Muskel-Systems, indem es dessen Fähigkeit zur Energieumwandlung verbessert und seine Steuervorgänge beeinflußt, um intensivere Muskelkontraktionen zu ermöglichen.
Die Bewegungsstruktur und der Kraft-Zeit-Verlauf der Kraftübungen sollte immer auf die Praxis bezogen und zweckgebunden sein.
Zur Entwicklung besonderer Fähigkeiten wie Schnellkraft und Kraftausdauer sind spezielle Übungen und Reizdosierungen erforderlich.

Ein modernes Schnellkrafttraining wird daher nach dem biomechanischen Ablauf einer Bewegung zweckgebunden aufgebaut. Dabei ist das Arbeiten mit Zusatzgeräten bei gleicher Bewegungsstruktur die erfolgreichste Form.

Im folgenden einige Anleitungen zur Verbesserung von Kraftausdauer und Schnellkraft:

Beispiel A: Schnellkraftübungen mit einer 15 Pfund schweren Gewichtsweste

Bei diesen Übungen mit gleichzeitiger Ausführung verschiedener Fußtechniken kommt es zu einer Verbesserung der Sprungkraft

Beispiel B: Schnellkraftübungen mit lokaler Belastung

Die Übungen auf Bild 648 und 649 sind normale Fußstöße mit lokaler Zusatzbelastung. Als Belastung dienen die Teilgewichte aus der Gewichtsweste. Sie werden mit einem einfachen Klebeband an den benötigten Stellen befestigt und lassen dem Übenden volle Bewegungsfreiheit.

Bild 650 zeigt eine Schnellkraftübung mit 6 bis 8 Pfund schweren Hanteln. Der Übende führt mit dieser Zusatzbelastung normale Fauststöße durch.

Eine Belastung der Arme mit den in Bild 648 und 649 verwendeten Gewichten ist ebenfalls jederzeit möglich. Der Vorteil bei dieser Art von Belastung liegt darin, daß der Übende alle Bewegungen normal ausführen kann und im Ablauf nicht behindert wird. Die Bewegungsstruktur kann immer beibehalten werden.

Im übrigen ist
— die Durchführung allein oder mit Partner möglich
— die Leistungsstärke des Übenden unmaßgebend, da jeder nach seiner eigenen Belastungsgrenze arbeitet (maximale Belastung)
— Verletzungsgefahr und Kostenaufwand gleich Null!

Übungsablauf:
1. Leichte Aufwärmgymnastik für Rumpf und Extremitäten.
2. Durchführung der Übungen nach dem Intervallprinzip; Wechsel von Belastung und Pause.
a) Die Belastungszeit und die Pause können je nach Trainingszustand variiert werden, z. B.:
Belastung 30 Sekunden, Pause 30 Sekunden oder Belastung 40 Sekunden, Pause 30 Sekunden.
Die Anzahl der Einzelübungen müssen festgehalten und am Ende addiert werden.
3. Nach Beendigung der letzten Belastungsphase erfolgt sofort eine erste Pulskontrolle von einer Minute. Die zweite folgt 3 Minuten danach.
4. Vergleich der beiden Pulswerte: je größer der Unterschied zwischen ihnen ist, um so besser ist der Trainingszustand des Übenden.
Bei extremer Belastung des gesamten Organismus, wie in diesem Test, ist eine momentane hohe Pulsfrequenz natürlich. Wichtig ist jedoch, daß die Intensität nach einer verhältnismäßig kurzen Erholungsphase rasch abfällt, sich also normalisiert. Bestes Testergebnis und damit ein Beweis für eine gute Kondition ist dann erreicht, wenn Übungsintensität und Pulsdifferenz anzahlmäßig relativ hoch liegen.

Übung 1:

Schlußsprünge über einen liegenden Partner (jeder Sprung — eine Übungseinheit)

Übung 2:

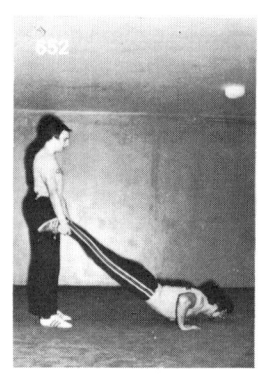

Liegestütz mit angehobenen Beinen (Beugen und Strecken — eine Übungseinheit)

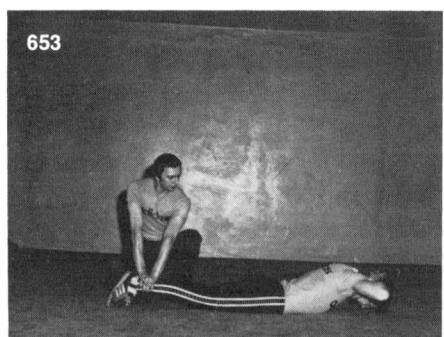

Rückenbeuge aus der Bauchlage mit Festhalten der Beine
(Oberkörper anheben und ablegen — eine Übungseinheit)

Übung 3:

Übung 4:

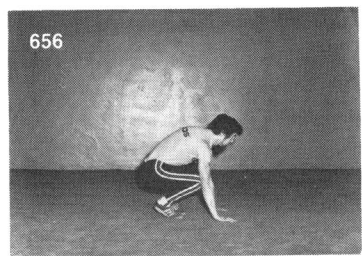

Hocksprung in Liegestützhaltung
vorlings
(Anhocken und Strecken — je eine
Übungseinheit)

Übung 5:

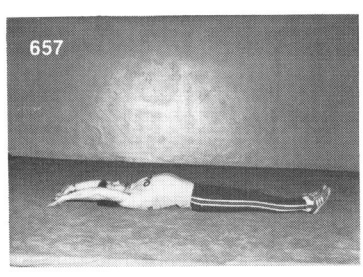

Klappmesserübung aus der ge-
streckten Rückenlage
(Beugen und Strecken — eine
Übungseinheit)

Übung 6:

Strecksprung aus der Liegestützhaltung
(Teilübungen 1 bis 3 — eine Übungseinheit)

1.2 Muster einer Testkarte: *Konditionstest*

Name, Vorname			Alter	Größe	Gewicht	
	Test 1	Test 2	Test 3	Test 4	Test 5	Test 6
Datum						
Intensität						
1. Übung: Schlußsprünge über liegenden Partner						
2. Übung: Liegestütz mit angehobenen Beinen						
3. Übung: Anheben des Oberkörpers in der Bauchlage						
4. Übung: Beine anhocken und strecken in der Liegestützhaltung						
5. Übung: Klappmesserübung						
6. Übung: Strecksprünge aus der Liege- stützhaltung						
Punkte Total						
Puls 1						
Puls 2						
Differenz						

1.3 Leistungstabelle:
Belastung maximal, Zeiteinheit von Belastung – Pause 30/30 Sekunden.

Anzahl der Übungen	Pulsdifferenz	Leistung/Kondition
250 und mehr	60 und mehr	sehr gut
220 – 250	45 – 60	gut
190 – 220	30 – 45	befriedigend
150 – 190	weniger als 30	nicht ausreichend
unter 150	unter 15	sehr schlecht

Dieser Konditionstest kann selbstverständlich auch als Konditionstraining ausgeführt werden. Dabei stellt der ganze Test eine Übungseinheit dar.
Diese Einheit wird dann mit entsprechend größeren Zwischenräumen mehrmalig wiederholt. Die Zeiten können dabei beliebig verändert werden.

2. Härtetraining

Da wir im Ju-Jutsu die natürlichen Waffen des menschlichen Körpers als Verteidigungsmittel einsetzen, ist es notwendig, daß diese Körperteile abgehärtet werden. Dies trifft jedoch nicht für alle natürlichen Waffen zu – etwa für den Kopf. Es wäre unsinnig und physisch schädlich, Stirn oder Hinterkopf speziell abhärten zu wollen. Deren natürliche Härte reicht voll und ganz aus, um im *Ernstfall* als Waffe eingesetzt werden zu können. Etwaige Schlagtests mit dem Kopf sind aus gesundheitlichen Gründen abzulehnen.
Durch das Härtetraining sollen Körperteile für einen Einsatz im Ernstfall oder für das Zusammentreffen mit anderen festen Materien vorbereitet (abgehärtet) werden. So können z. B. Fallübungen aus relativ großer Höhe über Hindernisse auf festem Boden zur Abhärtung beitragen.

Auf der nächsten Seite:
Beispiele für Schlag- und Stoßübungen an verschiedenen Geräten (Boxwandpolster, Sandsack, Medizinball, Schlagpfosten – Makiwara):

Der Schlag gegen den Unterarm hat gleichzeitig einen doppelten Effekt: Es werden Handkante und Arm abgehärtet

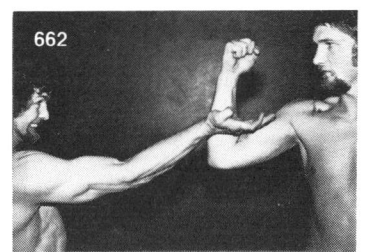

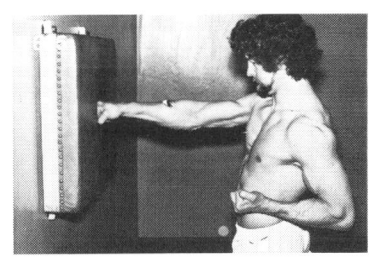

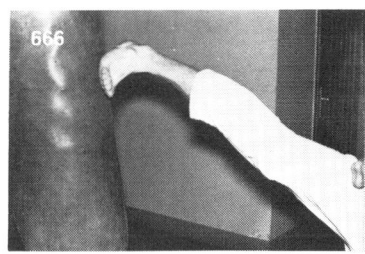

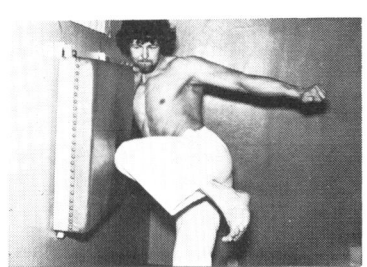

Ein Wechsel zwischen Körperteilen und verschiedenen Geräten ist ebenfalls jederzeit möglich.

Zur Kontrolle der Schlag- und Stoßkraft führt der Ju-Jutsuka sog. Schlagtests durch. Hierbei werden mit den natürlichen Waffen des menschlichen Körpers die verschiedensten Materialien durch Kraftschockwirkung zerstört.

Hier einige Beispiele:

Bild 669: Ein 2,8 cm starkes Brett wird mit den Fingern durchgestoßen

Bild 670: Drei Bretter, je 2,8 cm stark, werden mit Fauststoß zerstört

Bild 671: Ein 10 cm starker Mauerstein wird mit der Faust zerstört

Bild 672: Bei diesem Schlagtest wurden 14 Dachziegel mit einem Fußstoß zerstört

3. Reaktionstraining

Eine gute Reaktion ist für die Selbstverteidigung von entscheidender Bedeutung. Der Ju-Jutsuka muß die einzelnen Techniken so beherrschen, daß sie zum Teil aus dem Unterbewußtsein gesteuert werden, ähnlich wie ein Reflex. Deshalb ist es notwendig, diese Fähigkeit durch ein spezielles Training zu schulen.

Der auslösende Impuls für eine Reaktion kann optisch, akustisch oder auch physisch erfolgen. Diese drei Möglichkeiten bilden auch die Grundlage des Trainings. Hierzu folgen einige methodische Übungsreihen:

Die Schüler stellen sich in Kampfstellung so auf, daß der Lehrer von jedem gesehen werden kann. Auf sein besonderes Zeichen, etwa wenn er Arm oder Bein anhebt, muß sofort eine Abwehrbewegung von den Schülern erfolgen (z. B. Arm anheben – Unterarmblock nach oben) – ein Beispiel für optische Reaktion. Die zweite Möglichkeit bietet der akustische Impuls. Der Lehrer verhält sich körperlich ruhig oder ist nicht sichtbar, sagt aber jeweils die auszuführende Technik an, z. B. Tiefblock, Fußtritt vorwärts, Fußstoß rückwärts usw. Zwischendurch sollen hin und wieder einfache Laute folgen, um den Schüler zu testen; beim normalen Schrei darf dieser keine Reaktion oder Abwehrbewegung zeigen.

Die dritte Möglichkeit dient der Reaktion auf physischen Kontakt. Der Lehrer geht wahllos durch die Gruppe und berührt mit schnellen Bewegungen einzelne Schüler, die sofort eine entsprechende Abwehrbewegung ausführen müssen.

Es ist auch möglich, optische und akustische Mittel zu verbinden. Dabei ist es wichtig, daß die Schüler in erster Linie auf den optischen Angriff reagieren.

Beispiel: Der Lehrer ruft der Gruppe zu: ,,Schlag von oben'' und führt selbst einen Fußtritt vorwärts aus.

Weiteren Varianten sind keine Grenzen gesetzt.

Übungs- und Trainingsplan (ÜTP)

Der Übungs- und Trainingsplan (ÜTP) ist ein wertvolles Hilfsmittel zur Gestaltung und Überwachung von Ausbildung und Training.

Wir unterscheiden dabei:
Üben ist die Hauptmethode zum Erlernen, Einüben, Festigen und Formen von Bewegungen (Fertigkeiten);
Training ist planmäßiges Üben unter Bedingungen, die die Leistungsfähigkeit fördern mit dem Ziel, die sportliche Leistung zu steigern.
In der Regel übt und trainiert der Ju-Jutsuka 2 mal 2 Stunden (à 45 Minuten) = 180 Minuten in der Woche. Seine Ziele sind die Beherrschung einer guten Selbstverteidigung, die Verbesserung seiner körperlichen Leistungsfähigkeit im Sinne sportlicher Fitness und die Absolvierung der nächsten Gürtelprüfung (Kyu- oder Dangrad). Zwischen jedem Kyu-Grad müssen 6 Monate Vorbereitungszeit nachgewiesen werden. Entsprechend ist der ÜTP im wesentlichen auf dieses sachliche und zeitliche Ziel einzurichten.
Jede Doppelstunde (90 Minuten) hat 4 bis 6 Schwerpunktgruppen, für die etwa folgende Zeiten anzusetzen sind:

	Minuten	Minuten
1. Gruppe – Körperschule	15	10
2. Gruppe – Vorbereitungsübungen	15	10
3. Gruppe – Grundschule und Kombinationen	30	20
4. Gruppe – Perfektionsschulung	20	20
5. Gruppe – Spezialtraining	–	20
6. Gruppe – Theoretische Schulung und Aussprachen	10	10
	90	90

Das umseitige Muster eines ÜTP zeigt, welche einzelnen Übungen unter die Schwerpunktgruppen fallen, und ist als Orientierungshilfe bestimmt.
Je nach dem Ausbildungsstand der Teilnehmer kann der Übungsleiter innerhalb der Schwerpunkte zeitlich variieren. Er sollte für jeden Übungsabend ein festes Programm haben, das mit dem Halbjahresplan abgestimmt ist.

Was grundsätzlich zu beachten ist:
Ein steifer, unbeweglicher Ju-Jutsuka wird
– manche Technik nie lernen können;
– sich und die Partner leicht verletzen;
– schnell müde werden, weil er zuviel Kraft einsetzt;
– im Ernstfall zu langsam sein, um einen plötzlichen Angriff abzuwehren.

Darum ist jede Übungs- und Trainingsstunde mit Körperschule und Bewegungsübungen einzuleiten. Das Hauptziel muß das Dehnen der Muskeln und die Beweglichkeit der Gelenke sein. Zu beachten ist, daß besonders das Dehnen vorher ein gründliches Aufwärmen der Muskeln erfordert. Die Reihenfolge lautet: Aufwärmen, Dehnen, Belasten!

Übungs- und Trainingsplan Ju-Jutsu

	bis	3. K	1. D	

1. Gruppe: — 15 10 Min.

Gymnastik allgemein
Zweckgymnastik
Konditionstraining
Entspannungsübungen

2. Gruppe: — 15 10 Min.

Bewegungslehre
Fallschule
Konzentrations- und Reaktionsübungen

3. Gruppe: — 30 20 Min.

Grundschule in Stand und Boden (rechts und links)
a) Atemischulung
b) Hebel- und Scherentechniken
c) Festlege-, Transport- und Aufhebegriffe
d) Wurfschulung
e) Abnehmen von Waffen
f) sonstige Techniken
Vielfältigkeitsschulung
Kombinationen
Wiederholungen
Vorbereitung auf Kyu- und Danprüfungen

4. Gruppe: — 20 20 Min.

Perfektionsschulung in Stufen
a) angesagte Grundtechniken
    gegen angesagte einfache Angriffe
b) angesagte Grundtechniken
    gegen angesagte Angriffe aller Art
c) angesagte Grundtechniken in Kombinationen
    gegen angesagte einfache Angriffe
d) angesagte Grundtechniken in Kombinationen
    gegen angesagte Angriffe aller Art
e) freie Grundtechniken in Kombinationen
    gegen angesagte Angriffe aller Art
f) freie Grundtechniken in Kombinationen
    gegen freie Angriffe
g) wechselseitiges freies Angreifen und Verteidigen
    (Randori)
h) freie Abwehr mehrerer Angreifer (Randori)
i) freie Abwehr mehrerer Angreifer (realitätsbezogen)

5. Gruppe: — — 20 Min.

Kata
Härtetraining
Gegentechniken
freies Üben

6. Gruppe — 10 10 Min.

Theoretische Schulung mit Vorträgen und
Gruppengesprächen

Doppelstunde 2 x 45 Min. —   90   90   Min.

Prüfungsliste für Ju-Jutsu-Kyu- und Dan-Prüfungen

Grad		1 Vorkenntnisse	2 Fallschule	3 Grundt. Bewegungsl. Lösetechniken	4 Block-, Schlag-, Stoß- und Trittechniken	5 Würgen und Scheren	6 Hebeltechniken	7 Wurftechniken	8 Festlege-, Aufhebe- und Transportgriffe	9 angesagte Angriffe mit Abnehmen von Waffen	10 freie SV gegen freie Angriffe	11 Kombinationen	12 Weiterführungstechn.	13 Gegentechniken	14 Stocktechniken	15 Kata	16	17 Nothilfe	18 SV-Techn. außerhalb des Prüf.-Progr.	19	20	21	22 Lehrbefähigungsnachweis	23
				Grundtechniken																				
Kyu	5	|	×	×	×	|	×	×	×	|	|	×	|	|	|	|		|	|				|	
Kyu	4	×	×	×	×	|	×	×	×	|	×	×	|	|	|	|		|	|				|	
Kyu	3	×	×	×	×	×	×	×	×	×	×	×	|	|	|	|		|	|				|	
Kyu	2	×	×	×	×	×	×	×	×	×	×	×	|	|	|	|		|	|				|	
Kyu	1	×	|	×	×	×	×	×	×	×	×	×	|	|	|	|		|	|				|	
Dan	1	×	|	×	×	×	×	×	×	×	×	×	|	|	|	|		×	×				×	
Dan	2	×	|	×	×	×	×	×	×	×	×	×	|	|	|	|		×	×				×	
Dan	3	×	|	×	×	×	×	×	×	|	×	×	×	×	|	|		×	×				×	
Dan	4	×	|	×	×	×	×	×	×	|	×	×	×	×	×	×		×	×				×	
Dan	5	×	|	×	×	×	×	×	×	|	×	×	×	×	×	×		×	×				×	

149

Ju-Jutsu-Prüfungsprogramm

Gültig ab 1. Januar 1987

5. Ju-Jutsu-Kyu-Grad

1. Etikette
2. Bewegungslehre im Stand:
   Neutrale Kampfstellung, Aktionsstellung, Verteidigungsstellungen.
   Ausweichen durch Körperabdrehen.
   Schrittdrehungen, Doppelschrittdrehungen, Drehungen im Stand, Ausfallschritte, Übersetzschritte vor- und rückwärts, Gleiten vor- und rückwärts, Auslagenwechsel.
3. Falltechniken:
   Rolle vorwärts, Rolle rückwärts, Sturz vorwärts, Sturz rückwärts, Sturz seitwärts links und rechts.
4. Folgende Grundtechniken sind weitgehend in Kombinationen gegen je einen Angriff nach freier Wahl des Prüflings vorzuführen:

Grundtechniken	Fundstelle Seite Band*		Grundtechniken	Fundstelle Seite Band	
1. Unterarmblock nach oben	38	1	6. Handfegen	90	1
2. Unterarmblock nach innen	38	1	7. Fauststoß	91—92	1
3. Unterarmblock nach außen	39	1	8. Faustschlag	91—92	1
4. Unterarmblock nach unten außen	39—40	1	9. Griffsprengen	42—44/94	1
5. Unterarmblock nach unten innen	39—40	1	10. Grifflösen	94	1
			11. Armstreckhebel zu Boden	80—82	1
			12. Kreuzfesselgriff	64	1
			13. Großer Hüftwurf	50—51	1

* Die Seitenzahlen und Bandnummern verweisen auf die Stellen, wo die Übungen erläutert und illustriert werden: Ju-Jutsu 1 (Nr. 0276), Ju-Jutsu 2 (Nr. 0378), Ju-Jutsu 3 (Nr. 0485).

4. Ju-Jutsu-Kyu-Grad

1. Vorkenntnisse
2. Bewegungslehre am Boden:
   Seitliche Verteidigungslage. Auslagenwechsel, Rollen, Drehen in alle Richtungen, Gleiten, Aufstehen aus der seitlichen Verteidigungslage unter Berücksichtigung der Eigensicherung.

3. Falltechniken über Hindernisse.
4. Folgende Grundtechniken sind weitgehend in Kombinationen gegen je einen Angriff nach freier Wahl des Prüflings vorzuführen:

Grundtechniken	Fundstelle Seite	Band	Grundtechniken	Fundstelle Seite	Band
1. Handkantenblock	65	1	8. Beineinhängen	46	1
2. Handkantenschlag	66—67	1	9. Beininnenhebel	101	1
3. Kniestoß	45	1	10. Fingerhebel	52—53	1
4. Knieschlag	45	1	11. Kipphandhebel	74—76	1
5. Fußstoß vorwärts	41	2	12. Genickhebel	83	1
6. Fußtritt rückwärts	70—71	1		71	2
7. Fußstoß abwärts	73	1	13. Große Außensichel	86	1

3. Ju-Jutsu-Kyu-Grad

1. Vorkenntnisse
2. Falltechniken unter Einwirkung des Angreifers
3. Folgende Grundtechniken sind weitgehend in Kombinationen gegen je einen Angriff nach freier Wahl des Prüflings vorzuführen:
4. Vielfältigkeit:
   Der Prüfling soll je eine Atemi-, Hebel-, Wurf- und eine sonstige Technik aus dem 3. Kyu gegen je drei Angriffe nach freier Wahl vorführen.
5. Freie Abwehr angesagter Angriffe:
   a) mit Kontakt
   b) ohne Kontakt
   c) mit dem Stock
6. Freie Abwehr eines frei angreifenden Gegners:
   a) mit Kontakt
   b) ohne Kontakt
   c) mit dem Stock

Grundtechniken	Fundstelle Seite	Band	Grundtechniken	Fundstelle Seite	Band
1. Fingerstich	40—41	1	7. Freies Würgen	102—103	1
2. Kopfschlag	93	1	8. Handbeugehebel	95— 98	1
4. Fußstoß seitwärts	72	1	9. Handdrehbeugehebel	54— 56	1
4. Ellenbogenstoß seitwärts	69	1	10. Armstreckhebel über die Schulter	98— 99	1
5. Ellenbogenstoß rückwärts	68	1	11. Große Innensichel	106	1
6. Ellenbogenstoß abwärts	40	2	12. Hüftrad	107	1
			13. Schulterwurf	104—105	1

2. Ju-Jutsu-Kyu-Grad

1. Vorkenntnisse
2. Alle Falltechniken frei
3. Folgende Grundtechniken sind weitgehend in Kombinationen gegen je einen Angriff nach freier Wahl des Prüflings vorzuführen:
4. Vielfältigkeit:
   Der Prüfling soll je eine Atemi-, Hebel-, Wurf- und eine sonstige Technik aus dem 2. Kyu gegen je vier Angriffe nach freier Wahl vorführen.
5. Freie Abwehr angesagter Angriffe:
   a) mit Kontakt
   b) ohne Kontakt
   c) mit Waffen (Stock, Messer)
6. Freie Abwehr eines frei angreifenden Gegners:
   a) mit Kontakt
   b) ohne Kontakt
   c) mit Waffen (Stock, Messer)

Grundtechniken	Fundstelle Seite	Band	Grundtechniken	Fundstelle Seite	Band
1. Handballenschlag	37	2	7. Handdrehhebel	43	2
2. Handballenstoß	37	2	8. Körperstreckhebel	57	1
3. Ellenbogenschlag vorwärts	84	2	9. Fersenrückwurf	85	1
4. Ellenbogenschlag rückwärts	85	2	10. Ausheber	54	2
			11. Schaufelwurf	55	2
5. Nervendruck	52	2	12. Kopfwurf	58	2
6. Knöchelwürge	74	2	13. Schulterrad	60	2

1. Ju-Jutsu-Kyu-Grad

1. Vorkenntnisse
2. Folgende Grundtechniken sind weitgehend in Kombinationen gegen je einen Angriff nach freier Wahl des Prüflings vorzuführen:
3. Vielfältigkeit:
   Der Prüfling soll je eine Atemi-, Hebel-, Wurf- und eine sonstige Technik aus dem 1. Kyu gegen je fünf Angriffe nach freier Wahl vorführen.
4. Freie Abwehr angesagter Angriffe:
   a) mit Kontakt
   b) ohne Kontakt

c) mit Waffen
   (Stock, Messer, Faustfeuerwaffe, beweglicher Gegenstand/Kette)

5. Freie Abwehr eines frei angreifenden Gegners:
   a) mit Kontakt
   b) ohne Kontakt
   c) mit Waffen
      (Stock, Messer, Faustfeuerwaffe, beweglicher Gegenstand/Kette)

Grundtechniken	Fundstelle		Grundtechniken	Fundstelle	
	Seite	Band		Seite	Band
1. Fußtritt rückwärts	73	1	8. Doppelhandsichel	76	2
2. Fußstoß rückwärts	68	2	9. Reisballenwurf	94	2
3. Rückentransport	75	2	10. Kleine Innensichel	80	1
4. Bauchstreckhebel	77	1	11. Kleine Außensichel	109	2
5. Beinriegel	72	2	12. Schulterbeinzug	82	2
6. Kippstreckhebel	100	1	13. Außendrehwurf	81	2
7. Seitstreckhebel	101	1			

1. Ju-Jutsu-Dan-Grad

1. Vorkenntnisse
2. Folgende Grundtechniken sind weitgehend in Kombinationen gegen je einen Angriff nach freier Wahl des Prüflings vorzuführen:
3. Vier Abwehrhandlungen in Nothilfesituationen nach freier Wahl.
4. Freie Abwehr angesagter Angriffe: (wie 1. Kyu)
5. Freie Abwehr von zwei frei angreifenden Gegnern:
   a) mit Kontakt
   b) ohne Kontakt
   c) mit Waffen (wie 1. Kyu)
6. Erste-Hilfe-Nachweis
7. Lehrbefähigungs-Nachweis

Grundtechniken	Fundstelle		Grundtechniken	Fundstelle	
	Seite	Band		Seite	Band
1. Preßluftschlag	83	2	6. Beindurchzug	48	1
2. Halbkreisfußtritt			7. Körperabbiegen	47	1
vorwärts	100	2	8. Körperrückstoß	93	2
3. Armbeugehebel	86	2	9. Hüftfegen	99	2
4. Beinbeugehebel	90	2	10. Eckenwurf	57	2
5. Armriegel	104	2	11. Seitenrad	96	2
	58	1	12. Scherenwurf	97	2

1. Vorkenntnisse
2. Folgende Grundtechniken sind weitgehend in Kombinationen gegen je einen Angriff nach freier Wahl des Prüflings vorzuführen:
3. Vier Abwehrhandlungen in Nothilfesituationen nach freier Wahl.
4. Vier zusätzliche SV-Techniken außerhalb des JJ-Prüfungsprogramms nach freier Wahl.
5. Freie Abwehr angesagter Angriffe: (wie 1. Dan)
6. Freie Abwehr von zwei frei angreifenden Gegnern: (wie 1. Dan)
7. Erste-Hilfe-Nachweis
8. Lehrbefähigungs-Nachweis

Grundtechniken	Fundstelle Seite	Band	Grundtechniken	Fundstelle Seite	Band
1. Handinnenkanten-schlag	63	2	6. Beinriß	106	1
2. Halbkreisfußtritt rückwärts	101	2	7. Beinrückwurf	108	2
3. Beinhalsschere	107	2	8. Rückriß	108	2
4. Handdrehgriff	102	2	9. Körperwurf	111	2
5. Drehstreckhebel	70	2	10. Schenkelwurf	114	2
			11. Schwertwurf	113	2
			12. Talfallzug	110	2

3. Ju-Jutsu-Dan-Grad

	Fundstelle Band
1. Vorkenntnisse	1–2
2. Zehn Gegentechniken	3
3. Zehn Weiterführungstechniken	3
4. Acht zusätzliche SV-Techniken außerhalb des JJ-Prüfungs-programms nach freier Wahl	1–2
5. Vier Abwehrhandlungen in Nothilfesituationen nach freier Wahl	—
6. Freie Abwehr von zwei frei angreifenden Gegnern: (wie 1. Dan)	3
7. Erste-Hilfe-Nachweis	—
8. Lehrbefähigungs-Nachweis	—

4. Ju-Jutsu-Dan-Grad

	Fundstelle Band
1. Vorkenntnisse	1–3
2. Fünfzehn Gegentechniken	3
3. Fünfzehn Weiterführungstechniken	3
4. Fünfzehn Abwehrtechniken mit dem Stock	3
5. Goshin-jutsu-no-Kata	–
6. Freie Abwehr von zwei frei angreifenden Gegnern: (wie 1. Dan)	3
7. Erste-Hilfe-Nachweis	–
8. Ju-Jutsu-F-Lizenz	–

5. Ju-Jutsu-Dan-Grad

	Fundstelle Band
1. Vorkenntnisse	1–3
2. Zwanzig Gegentechniken	3
3. Zwanzig Weiterführungstechniken	3
4. Zwanzig Abwehrtechniken mit dem Stock	3
5. Kime-no-Kata	–
6. Freie Abwehr von zwei frei angreifenden Gegnern: (wie 1. Dan)	3
7. Erste-Hilfe-Nachweis	–
8. Ju-Jutsu-F-Lizenz	–

Angriffskatalog

(Beispielhafte Aufzählung)

I. Angriffe mit Kontakt

Handfassen
Handgelenke erfassen
– gegenüberliegend
– diagonal
– zwei Hände erfassen ein Handgelenk
– beide Handgelenke von vorne
– beide Handgelenke von hinten
Ärmel fassen
– von vorne
– von hinten

- diagonal
- gegenüberliegend
- beide
Griff in die Haare von vorne
Griff in die Haare von hinten
Griff in die Revers
- einhändig
- einhändig und Schlag
- beidhändig
Kragenfassen von hinten
- einhändig
- einhändig und Herumreißen
- beidhändig
Schwitzkasten
- von der Seite
- von vorne
Körperumklammerungen (mit und ohne
Ausheben)
- von vorne
  - unter den Armen
  - über den Armen
- von hinten
  - unter den Armen
  - über den Armen
Doppelnelson
Würgen
- von vorne einhändig und Schlag
- von vorne beidhändig
- von der Seite
- von hinten beidhändig
- von hinten mit dem Unterarm
- am Boden
  - Gegner seitlich
  - im Reitsitz
  - zwischen den Beinen
  - von hinten
    - Bauchlage
    - Rückenlage

II. Angriffe ohne Kontakt

Griffansätze
- zum Hals
- zum Körper

- zu den Beinen
Ohrfeige
Rückhandschlag
Schwinger
Doppelschwinger
Aufwärtshaken
Fauststoß
Kopfstoß
Knieschlag
Fußtritt von vorne
Fußstoß von vorne
Halbkreisfußtritt

III. Angriffe mit Waffen

Stockschläge
- von oben einhändig oder beidhändig
- von der Seite
  - außen
  - innen
- zu den Beinen
Stockstoß
Messerstiche
- von oben
- von der Seite
  - außen
  - Innen
- von unten
Florettstich
Messerschnitte
- von außen
- von innen
Faustfeuerwaffenbedrohungen körper-
nah
- von vorne
- von hinten
- von der Seite
Kette/bewegliche Gegenstände: Schläge
- von oben
- von außen
- von innen
- zu den Beinen
- diagonal über Kreuz

Nützliche Ratgeber

Stand: Sommer 1988

Essen und Trinken

FALKEN EXKLUSIV
Kochen in höchster Vollendung
Aus vier Elementen ist alles zusammen-
gefügt (Theophrast). (4291) Von M. Wissing,
M. Kirsch, 160 S., 230 Farbfotos, Leinen
geprägt mit Schutzumschlag, im Schuber,
DM 98,–, S 784.–

Was koche ich heute?
Neue Rezepte für Fix-Gerichte. (0608) Von A.
Badelt-Vogt, 112 S., 16 Farbtafeln, kart. ●

Kochen für 1 Person
Rationell wirtschaften, abwechslungsreich
und schmackhaft zubereiten. (0586) Von M.
Nicolin, 136 S., 8 Farbtafeln, 23 Zeichnungen, kart. ●

Schnell und individuell
Die raffinierte Single-Küche
(4266) Von F. Faist, 160 S., 151 Farbfotos,
Pappband. ● ● ●

Gesunde Kost aus dem Römertopf
(0442) Von J. Kramer, 128 S., 8 Farbtafeln,
13 Zeichnungen, kart. ●

FALKEN-FEINSCHMECKER
Pasta in Höchstform **Nudeln**
(0884) Von M. Kirsch, 64 S., 62 Farbfotos,
Pappband. ●

Nudelgerichte
– lecker, locker, leicht zu kochen. (0466) Von
C. Stephan, 80 S., 8 Farbtafeln, kart. ●

FALKEN-FEINSCHMECKER
In Hülle und Fülle
Pasteten und Terrinen
(0883) Von M. Kirsch, 48 S., 62 Farbfotos,
Pappband. ●

FALKEN-FEINSCHMECKER
Spezialitäten unter knuspriger Decke
Aufläufe
(0882) Von C. Adam, 48 S., 33 Farbfotos,
Pappband. ●

Eintöpfe und Aufläufe
Das Beste aus den Kochtöpfen der Welt
(5079) Von A. und G. Eckert, 64 S., 50 Farbfotos, Pappband. ● ●

FALKEN-FEINSCHMECKER
Herzhaftes für Leib und Seele
Eintöpfe
(0820) Von P. Klein, 48 S., 30 Farbfotos,
Pappband. ●

Schnell und gut gekocht
Die tollsten Rezepte für den Schnellkochtopf.
(0265) Von J. Ley, 96 S., 8 Farbtafeln, kart. ●

Kochen und backen im Heißluftherd
Vorteile, Gebrauchsanleitung, Rezepte.
(0516) Von K. Kölner, 72 S., 8 Farbtafeln,
kart. ●

Zaubern mit der schnellen Welle
Die neue Mikrowellenküche
(4289) Von F. Faist, 208 S., 188 Farbfotos,
Pappband. ● ● ●

Das neue Mikrowellen-Kochbuch
(0434) Von H. Neu, 64 S., 4 Farbtafeln,
16 s/w Zeichnungen, kart. ●

Ganz und gar mit Mikrowellen
(4094) Von T. Peters, 208 S., 24 Farbfotos,
12 Zeichnungen, kart. ● ● ●

FALKEN-FEINSCHMECKER
Schnell auf den Tisch gezaubert
Kochen mit Mikrowellen
(0818) Von A. Danner, 64 S., 52 Farbfotos,
Pappband. ●

Marmeladen, Gelees und Konfitüren
Köstlich wie zu Omas Zeiten – einfach
selbstgemacht. (0720) Von M. Gutta, 32 S.,
23 Farbfotos, 1 Zeichnung, Pappband. ●

Einkochen
nach allen Regeln der Kunst. (0405) Von
B. Müller, 128 S., 8 Farbtafeln, kart. ●

Einkochen, Einlegen, Einfrieren
(4055) Von B. Müller, 152 S., 27 s/w.-Abb.,
kart. ● ●

Haltbarmachen in der Öko-Küche
Gesunde Konservierungsmethoden für Obst,
Gemüse, Kräuter und Pilze. (0932) Von
M. Bustorf-Hirsch, 120 S., 56 Farbfotos,
36 Farbzeichnungen. kart. ● ●

FALKEN-FEINSCHMECKER
Goldbraun und knusprig
Fritierte Leckerbissen
(0868) Von F. Faist, 64 S., 47 Farbfotos,
Pappband. ●

Das neue Fritieren
geruchlos, schmackhaft und gesund. (0365)
Von P. Kühne, 96 S., 8 Farbtafeln, kart. ●

FALKEN-FEINSCHMECKER
Die Krönung der feinen Küche
Saucen
(0817) Von G. Cavestri, 48 S., 40 Farbfotos,
Pappband. ●

FALKEN-FEINSCHMECKER
Edler Kern in harter Schale
Meeresfrüchte
(0886) Von L. Grieser, 48 S., 52 Farbfotos,
Pappband. ●

FALKEN-FEINSCHMECKER
Von Tatar und falschen Hasen
Hackfleisch
(0866) Von A. und G. Eckert, 64 S., 42 Farbfotos, Pappband. ●

Mehr Freude und Erfolg beim **Grillen**
(4141) Von A. Berliner, 160 S., 147 Farbfotos,
10 farbige Zeichnungen, Pappband. ● ● ●

Grillen für Geniesser
Fleisch · Fisch · Beilagen · Soßen. (5001) Von
E. Fuhrmann, 64 S., 38 Farbfotos, Pappband.
● ●

FALKEN-FEINSCHMECKER
Köstliches von Rost und Spieß
Grillen
(0931) Von A. Kalcher-Dähn, H. K. Kalcher,
64 S., 43 Farbfotos, Pappband. ●

Chinesisch kochen
mit dem Wok-Topf und dem Mongolen-Topf.
(0557) Von C. Korn, 64 S., 8 Farbtafeln, kart. ●

FALKEN-FEINSCHMECKER
Verheißungsvoll fernöstlich
Spezialitäten aus dem Wok
(0933) Von H. K. Jen, 64 S., 56 Farbfotos,
Pappband. ●

Schlemmerreise durch die
Chinesische Küche
(4184) Von K. H. Jen, 160 S., 117 Farbfotos,
Pappband. ● ● ●

Nordische Küche
Speisen und Getränke von der Küste. (5082)
Von J. Kürtz, 64 S., 44 Farbfotos, Pappband. ● ●

Essen in Hessen
Spezialitäten zwischen Schwalm und Oden-
wald. (0837) Von R. Witt, 120 S.,
10 s/w-Zeichnungen, Pappband. ● ●

Schlemmerreise durch die
Französische Küche
(4296) Von H. Imhof, 160 S., 147 Farbfotos, 3
s/w-Fotos, Pappband. ● ● ●

Französisch kochen
Eine kulinarische Reise durch Frankreich.
(5016) Von M. Gutta, 64 S., 35 Farbfotos,
Pappband. ● ●

Französische Küche
(0685) Von M. Gutta, 96 S., 16 Farbfotos,
kart. ●

**Französische Spezialitäten aus dem
Backofen**
Herzhafte Tartes und Quiches mit Fleisch,
Fisch, Gemüse und Käse
(5146) Von P. Klein, 64 S., 43 Farbfotos,
Pappband. ●

FALKEN-FEINSCHMECKER
Aus lauter Lust und Liebe
Knoblauch
(0867) Von L. Reinirkens, 64 S., 45 Farbfotos, Pappband. ●

Kochen und würzen mit **Knoblauch**
(0725) Von A. und G. Eckert, 96 S., 8 Farbtafeln, kart. ●

Schlemmerreise durch die
Italienische Küche
(4172) Von V. Pifferi. 160 S., 109 Farbfotos,
Pappband. ● ● ●

**Pizza, Pasta und die feine italienische
Küche**
(4270) Von R. Rudatis, 120 S., 255 Farbfotos,
Pappband. ● ●

Italienische Küche
Ein kulinarischer Streifzug mit regionalen
Spezialitäten. (5026) Von M. Gutta, 64 S.,
35 Farbfotos, Pappband. ● ●

FALKEN-FEINSCHMECKER
Schlemmen wie bei Mamma Maria
Pizzas
(0815) Von F. Faist, 64 S., 62 Farbfotos, Pappband. ●

Köstliche Pilzgerichte
Tips und Rezepte für die häufigsten Pilzgat-
tungen. (5133) Von V. Spicker-Noack, M.
Knoop, 64 S., 52 Farbfotos, Pappband. ● ●

Fondues
und fritierte Leckerbissen. (0471) Von
S. Stein, 96 S., 8 Farbtafeln, kart. ●

Fondues · Raclettes · Flambiertes
(4081) Von R. Peiler und M.-L. Schult, 136 S.,
15 Farbtafeln, 28 Zeichnungen, kart. ● ●

**Neue, raffinierte Rezepte mit dem
Raclette-Grill**
(0558) Von L. Helger, 56 S., 8 Farbtafeln,
kart. ●

**Rezepte rund um Raclette und
Doppeldecker**
(0420) Von J. W. Hochscheid, 72 S., 8 Farbtafeln, kart. ●

Die hier vorgestellten Bücher, Videokassetten und Software sind in folgende Preisgruppen unterteilt:

● Preisgruppe bis DM 10,–/S 79,–
● ● Preisgruppe über DM 10,– bis DM 20,–
       S 80,– bis S 160,–
● ● ● Preisgruppe über DM 20,– bis DM 30,–
            S 161,– bis S 240,–
● ● ● ● Preisgruppe über DM 30,– bis DM 50,–
               S 241,– bis S 400,–
● ● ● ● ● Preisgruppe über DM 50,–/S 401,–
*(unverbindliche Preisempfehlung)

Die Preise entsprechen dem Status beim Druck dieses Verzeichnisses (s. Seite 1) – Änderungen, im besonderen der Preise, vorbehalten –

Falken-Verlag GmbH · Postfach 1120   D-6272 Niedernhausen/Ts. · Tel.: 0 6127/70 20   **1**

Fondues und Raclettes
(4253) Von F. Faist, 160 S., 125 Farbfotos, Pappband. ●●●

FALKEN-FEINSCHMECKER
Schmelzendes Käsevergnügen
Raclette
(0881) Von F. Faist, 48 S., 33 Farbfotos, Pappband. ●

Kulinarischer Feuerzauber
Flambieren
(4294) Von R. Wesseler, 120 S., 100 Farbfotos, Pappband. ●●●

Kochen und würzen mit
Paprika
(0792) Von A. und G. Eckert, 88 S., 8 Farbtafeln, kart. ●

Köstlichkeiten für Gäste und Feste
Kalte Platten
(4200) Von I. Pfliegner. 160 S., 130 Farbfotos, Pappband. ●●●

Kalte Happen und Partysnacks
Canapés, Sandwiches, Pastetchen, Salate und Suppen. (5029) Von D. Peters, 64 S., 44 Farbfotos, kart. ●●

Garnieren und Verzieren
(4236) Von R. Biller, 160 S., 329 Farbfotos, 57 Zeichnungen, Pappband. ●●●

Desserts
Puddings, Joghurts, Fruchtsalate, Eis, Gebäck, Getränke. (5020) Von M. Gutta, 64 S., 41 Farbfotos, Pappband. ●●

FALKEN-FEINSCHMECKER
Süße Verführungen
Desserts
(0885) Von M. Bacher, 64 S., 75 Farbfotos, Pappband. ●

FALKEN-FEINSCHMECKER
Süße Geheimnisse eiskalt gelüftet
Eis und Sorbets
(0870) Von H. W. Liebheit, 48 S., 38 Farbfotos, Pappband. ●

Crêpes, Omeletts und Soufflés
Pikante und süße Spezialitäten. (5131) Von J. Rosenkranz, 64 S., 45 Farbfotos, Pappband. ●●

Kuchen und Torten
Die besten und beliebtesten Rezepte. (5067) Von M. Sauerborn, 64 S., 79 Farbfotos, Pappband. ●●

Tortenträume und Kuchenfantasien
Gebackene Köstlichkeiten originell dekoriert und verziert. (0823) Von F. Faist, 80 S., 150 Farbfotos, kart. ●●

Backen mit Lust und Liebe
(4284) Von M. Schumacher, R. Krake, 242 S., 348 Farbfotos, 18 farb. Vignetten, 3 vierseitige Ausklapptafeln, Pappband. ●●●●

Backen, was allen schmeckt
Kuchen, Torten, Gebäck und Brot. (4166) Von E. Blome, 556 S., 40 Farbtafeln, Pappband. ●●●

Meine Vollkornbackstube
Brot · Kuchen · Aufläufe. (0616) Von R. Raffelt, 96 S., 4 Farbtafeln, 12 Zeichnungen, kart. ●

FALKEN-FEINSCHMECKER
Knusprig, kernig, urgesund
Vollkornbrot
(0938) Von S. Reiter, 64 S., 56 Farbfotos, Pappband. ●

FALKEN-FEINSCHMECKER
Mit Körnern, Zimt und Mandelkern
Vollkorngebäck
(0816) Von M. Bustorf-Hirsch, 48 S., 39 Farbfotos, Pappband. ●

Biologisch Backen
Neue Rezeptideen für Kuchen, Brote, Kleingebäck aus vollem Korn. (4174) Von M. Bustorf-Hirsch, 136 S., 15 Farbtafeln, 47 Zeichnungen, kart. ●●

Selbst Brotbacken
Über 50 erprobte Rezepte. (0370) Von J. Schiermann, 80 S., 6 Zeichnungen, 4 Farbtafeln, kart. ●

Mehr Freude und Erfolg beim
Brotbacken
(4148) Von A. und G. Eckert, 160 S., 177 Farbfotos, Pappband. ●●●

Brotspezialitäten
knusprig backen – herzhaft kochen. (5088) Von J. W. Hochscheid, L. Helger, 64 S., 48 Farbfotos, Pappband. ●●

Weihnachtsbäckerei
Köstliche Plätzchen, Stollen, Honigkuchen und Festtagstorten. (0682) Von M. Sauerborn, 32 S., 34 Farbfotos, Pappband. ●

Waffeln
süß und pikant. (0522) Von C. Stephan, 64 S., 8 Farbtafeln, kart. ●

Alles mit Joghurt
tagfrisch selbstgemacht. Mit vielen Rezepten. (0382) Von G. Volz, 88 S., 8 Farbtafeln, kart. ●

Joghurt, Quark, Käse und Butter
Schmackhaftes aus Milch hausgemacht. (0739) Von M. Bustorf-Hirsch. 32 S., 59 Farbabb., Pappband. ●

FALKEN-FEINSCHMECKER
Raffiniert und gesund würzen
Kräuterküche
(0869) Von A. Görgens, 48 S.,43 Farbfotos, Pappband. ●

Miekes Kräuter- und Gewürzkochbuch
(0323) Von I. Persy, K. Mieke, 96 S., 8 Farbtafeln, kart. ●

Das köstliche knackige Schlemmervergnügen
Salate
(4165) Von V. Müller. 160 S., 80 Farbfotos, Pappband. ●●●

FALKEN-FEINSCHMECKER
Frisch und leicht als Hauptgericht
Schlemmersalate
(0934) Von C. Adam, 64 S., 49 Farbfotos, Pappband. ●

111 köstliche Salate
Erprobte Rezepte mit Pfiff. (0222) Von C. Schönherr, 96 S., 8 Farbtafeln, 30 Zeichnungen, kart. ●

FALKEN-FEINSCHMECKER
Köstlich frisch auf den Tisch
Rohkostsalate
(0865) Von C. Adam, 48 S., 26 Farbfotos, Pappband. ●

Die abwechslungsreiche Vollwertküche
Vitaminreich und naturbelassen kochen und backen. (4229) Von M. Bustorf-Hirsch, K. Siegel, 280 S., 31 Farbtafeln, 78 Zeichnungen, Pappband. ●●●●

Die feine Vollwertküche
(4286) Von M. Bustorf-Hirsch, 160 S., 83 Farbfotos, Pappband. ●●●

Meine Vollkornküche
Herzhaftes von echtem Schrot und Korn (0858) Von S. Walz, 128 S., 8 Farbtafeln, kart. ●

FALKEN-FEINSCHMECKER
Dinkel, Hirse, Roggenkorn…
Kerniges aus der Getreideküche
(0932) Von S. Frank, 64 S., 49 Farbfotos, Pappband. ●

FALKEN-FEINSCHMECKER
Die verlockende Alternative
Süße Vollwertküche
(0936) Von A. Roßmacher, 64 S., 50 Farbfotos, Pappband. ●

FALKEN-FEINSCHMECKER
Die gesunde Art, sich zu verwöhnen
Vollwertküche für Singles
(0937) Von A. Görgens, 64 S., 43 Farbfotos, Pappband. ●

Alternativ essen
Die gesunde Sojaküche.
(0553) Von U. Kolster, 112 S., 8 Farbtafeln, kart. ●

Kochen mit Tofu
Die gesunde Alternative. (0894) Von U. Kolster, 80 S., 8 Farbtafeln, kart. ●

Das Reformhaus-Kochbuch
Gesunde Ernährung mit hochwertigen Naturprodukten. (4180) Von A. und G. Eckert, 160 S. 15 Farbtafeln, Pappband. ●●●

Gesund kochen mit Keimen und Sprossen
(0794) Von M. Bustorf-Hirsch, 104 S., 8 Farbtafeln, 13 s/w-Zeichnungen, kart. ●

Keime und Sprossen in der Naturküche
(4299) Von M. Bustorf-Hirsch, 96 S., 144 Farbfotos, Pappband. ●●

Die feine Vegetarische Küche
(4235) Von F. Faist, 160 S., 191 Farbfotos, Pappband. ●●●

Biologische Ernährung
für eine natürliche und gesunde Lebensweise. (4125) Von G. Leibold, 136 S., 15 Farbtafeln, 47 Zeichnungen, kart. ●●

Gesunde Ernährung für mein Kind
(0776) Von M. Bustorf-Hirsch, 96 S., 8 Farbtafeln, 5 s/w Zeichnungen, kart. ●

Vitaminreich und naturbelassen
Biologisch Kochen
(4162) Von M. Bustorf-Hirsch, K. Siegel, 144 S., 15 Farbtafeln, 31 Zeichnungen, kart. ●●

Gesund kochen
wasserarm · fettfrei · aromatisch. (4060) Von M. Gutta, 240 S., 16 Farbtafeln, Pappband. ●●●

Naturküche à la carte
(4406) Von M. Wissing, M. Kirsch, 160 S., 179 Farbfotos, Pappband. ●●●

Würzig kochen ohne Salz
(0922) Von S. Roediger-Streubel, 160 S., 16 Farbtafeln, kart. ●

Natursammlers Kuchbuch
Wildfrüchte und Gemüse, Pilze, Kräuter – finden und zubereiten. (4040) Von C. M. Kerler, 140 S., 12 Farbtafeln, kart. ●●

Kräuter- und Heilpflanzen-Kochbuch
für eine gesunde Lebensweise. (4066) Von P. Pervenche, 143 S., 15 Farbtafeln. kart. ●●

●●**Pralinen und Konfekt**
Kleine Köstlichkeiten selbstgemacht. (0731) Von H. Engelke, 32 S., 57 Farbfotos, Pappband. ●

FALKEN-FEINSCHMECKER
Zart schmelzende Versuchungen
Schokolade
(0819) Von J. Schroer, 48 S., 53 Farbfotos, Pappband. ●

Die hier vorgestellten Bücher, Videokassetten und Software sind in folgende Preisgruppen unterteilt:

● Preisgruppe bis DM 10,–/S 79,–
●● Preisgruppe über DM 10,– bis DM 20,– S 80,– bis S 160,–
●●● Preisgruppe über DM 20,– bis DM 30,– S 161,– bis S 240,–
●●● Preisgruppe über DM 30,– bis DM 50,– S 241,– bis S 400,–
●●●● Preisgruppe über DM 50,–/S 401,– *(unverbindliche Preisempfehlung)

Die Preise entsprechen dem Status beim Druck dieses Verzeichnisses (s. Seite 1) – Änderungen, im besonderen der Preise, vorbehalten –

Das richtige Frühstück
Gesunde Vollwertkost vitaminreich und
naturbelassen. (0784) Von C. Kratzel, R. Böll,
32 S., 28 Farbfotos, Pappband. ●

Bocuse à la carte
Französisch kochen mit dem Meister.
(4237) Von P. Bocuse, 88 S., 218 Farbfotos,
Pappband. ●●

Kochschule mit Paul Bocuse
(6016) VHS, 60 Min. in Farbe. ●●●●●*

Der schön gedeckte Tisch
Vom einfachen Gedeck bis zur Festtafel stim-
mungsvoll und perfekt arrangiert.
(4246) Von H. Tapper, 112 S., 206 Farbabbildungen, 21 s/w-Abbildungen, Pappband.
●●●

Servietten dekorativ falten
Geschmackvolle Anregungen aus Stoff und
Papier. (0804) Von H. Tapper, 3T S., 134 Farb-
fotos, Pappband. ●●

Cocktails
(4267) Von W. R. Hoffmann, W. Hubert,
U. Lottring, 160 S., 164 Farbfotos, 1 s/w-Foto,
Pappband. ●●●

Neue Cocktails und Drinks
mit und ohne Alkohol. (0517) Von S. Späth,
128 S., 4 Farbtafeln, kart. ●

Mixgetränke
mit und ohne Alkohol (5017) Von C. Arius,
64 S., 35 Farbfotos, Pappband. ●●

FALKEN-FEINSCHMECKER
Fruchtig, spritzig, cisgekühlt
Mixen ohne Alkohol
(0935) Von S. Späth, 64 S., 44 Farbfotos,
Pappband. ●

Cocktails und Mixereien
für häusliche Feste und Feiern. (0075) Von
J. Walker, 96 S., 4 Farbtafeln, kart. ●

Die besten Punsche, Grogs und Bowlen
(0575) Von F. Dingden, 64 S., 4 Farbtafeln,
kart. ●

Weine und Säfte, Liköre und Sekt
selbstgemacht. (0702) Von P. Arauner,
232 S., 76 Abb., kart. ●●

Mitbringsel aus meiner Küche
selbst gemacht und liebevoll verpackt.
(0668) Von C. Schönherr, 32 S., 30 Farbfotos,
Pappband. ●

Weinlexikon
Wissenswertes über die Weine der Welt.
(4149) Von U. Keller, 228 S., 6 Farbtafeln,
395 s/w-Fotos, Pappband. ●●●

Heißgeliebter Tee
Sorten, Rezepte und Geschichten. (4114) Von
C. Maronde, 153 S., 16 Farbtafeln, 93 Zeich-
nungen, Pappband. ●●●

Tee für Genießer.
Sorten · Riten · Rezepte. (0356) Von M. Nicolin, 64 S., 4 Farbtafeln, kart. ●

Tee
Herkunft · Mischungen · Rezepte. (0515) Von
S. Ruske, 96 S., 4 Farbtafeln, 16 s/w-Abbil-
dungen, Pappband. ●

Kinder lernen spielend backen
(5110) Von M. Gutta, 64 S., 45 Farbfotos,
Pappband. ●●

Kinder lernen spielend kochen
Lieblingsgerichte mit viel Spaß selbst zube-
reitet. (5096) Von M. Gutta, 64 S., 45 Farbfotos, Pappband. ●●

Komm, koch mit mir
Kunterbuntes Kochvergnügen für Kinder.
(4285) Von S. und H. Theilig, Illustrationen
von B. v. Hayek, 96 S., 48 Farbfotos,
350 Farb- und 1 s/w-Zeichnung, Pappband.
●●

Schlank werden nach Dr. Hay
Trennkost
Die bewährten Vollwert-Rezepte von Ursula
Summ. (4298) Von U. Summ, 96 S., 54 Farb-
tafeln, 1 Zeichnung, kart. ●

Gesund leben – schlank werden mit der
Bio-Kur
(0657) Von S. Winter. 144 S., 4 Farbtafeln,
kart. ●

SLIM
Der neue, individuelle Schlankheitsplan
(4277) Von Prof. Dr. E. Menden, W. Aign.
120 S., 440 Farbfotos, kart. ●

Kalorien – Joule
Eiweiß · Fett · Kohlenhydrate tabellarisch
nach gebräuchlichen Mengen. (0374) Von
M. Bormio, 88 S., kart. ●

Vitamine und Ballaststoffe
So ermittle ich meinen täglichen Bedarf
(0746) Von Prof. Dr. M. Wagner, I. Bongartz.
96 S., 6 Farbabb., zahlreiche Tabellen, kart. ●

Hobby und Freizeit

Aquarellmalerei
als Kunst und Hobby. (4147) Von H. Haack,
B. Wersche, 136 S., 62 Farbfotos, 119 Zeichnungen, Pappband. ●●●●

Aquarellmalerei
Materialien · Techniken · Motive.
(5099) Von T. Hinz, 64 S., 79 Farbfotos,
Pappband. ●

Hobby Aquarellmalen
Landschaft und Stilleben. (0876) Von
I. Schade, A. Brück, 80 S., 111 Farbabbildun-
gen, kart. ●●

Videokassette
Hobby Aquarellmalen
Landschaft und Stilleben (6022) VHS,
ca. 40 Min., in Farbe, ●●●●*

Aquarellmalerei leicht gelernt
Materialien · Techniken · Motive.
(0787) Von T. Hinz, R. Braun, B. Zeidler,
32 S., 38 Farbfotos, 1 Zeichnung, Pappband.
●

Aquarellieren auf Seide
Materialien · Techniken · Motive.
(0917) Von I. Demharter, 32 S., 41 Farbfotos,
Pappband. ●

Hobby Ölmalerei
Landschaft und Stilleben. (0875) Von
H. Kämper, I. Becker, 80 S., 93 Farbabb., kart.
●●

Videokassette
Hobby Ölmalerei
Landschaft und Stilleben (6025) VHS,
ca. 40 Min., in Farbe, ●●●●*

Falken-Handbuch
Zeichnen und Malen
(4167) Von B. Bagnall, 336 S., 1154 Farbabb.,
Pappband. ●●

Das große farbige PLAKA-Buch
Malen und Basteln
(4402) Von H.-J. Giesecke, 192 S., 225 Farbfotos, 20 Farb- und 4 s/w- Zeichnungen,
Pappband. ●●

Das große farbige
Bastelbuch für Kinder
(4254) Von U. Barff, I. Burkhardt, J. Maier.
224 S., 157 Farbfotos, 430 Farb- und 69 s/w-
Zeichnungen, Pappband. ●●●

Punkt, Punkt, Komma, Strich
Zeichenstunden für Kinder. (0564) Von
H. Witzig, 144 S., über 250 Zeichnungen,
kart. ●

Einmal grad und einmal krumm
Zeichenstunden für Kinder. (0599) Von
H. Witzig, 144 S., 363 Abb. kart. ●

Naive Malerei
Materialien · Motive · Techniken. (5083) Von
F. Krettek, 64 S., 76 Farbfotos, Pappband.
●●

Bauernmalerei
als Kunst und Hobby. (4057) Von A. Gast,
H. Stegmüller, 128 S., 239 Farbfotos, 26 Riß-
Zeichnungen, Pappband. ●●●●

Hobby Bauernmalerei
(0436) Von S. Ramos und J. Roszak, 80 S.,
116 Farbfotos und 28 Motivvorlagen, kart.
●●

Bauernmalerei
Kreatives Hobby nach alter Volkskunst
(5039) Von S. Ramos, 64 S., 85 Farbfotos,
Pappband. ●●

Glasmalerei
als Kunst und Hobby. (4088) Von F. Krettek
und S. Beeh-Lustenberger, 132 S., 182 Farbfotos, 38 Motivvorlagen, Pappband. ●●●●

Naive Hinterglasmalerei
Materialien · Techniken · Bildvorlagen
(5145) Von F. Krettek, 64 S., 87 Farbfotos,
6 Zeichnungen, Pappband. ●●

Kalligraphie
Die Kunst des schönen Schreibens
(4263) Von C. Hartmann, 120 S., 44 Farbvor-
lagen, 29 s/w-Vorlagen, 2 s/w-Zeichnungen,
38 Farbfotos, Pappband. ●●

Seidenmalerei als Kunst und Hobby
(4264) Von S. Hahn, 136 S., 256 Farbfotos,
1 s/w-Foto, 34 Farbzeichnungen, Pappband.
●●●●

Kunstvolle Seidenmalerei
Mit zauberhaften Ideen zum Nachgestalten.
(0783) Von I. Demharter, 32 S., 56 Farbfotos,
Pappband. ●

Zauberhafte Seidenmalerei
Materialien · Techniken · Gestaltungsvorschläge. (0664) Von E. Dorn, 32 S.,
62 Farbfotos, Pappband. ●

Neue zauberhafte Seidenmalerei
Motive und Anregungen aus der Natur.
(0924) Von R. Henge, 80 S., 148 Farbfotos,
27 s/w-Zeichnungen, kart. ●●

Hobby Seidenmalerei
(0611) Von R. Henge, 88 S., 106 Farbfotos,
28 Zeichnungen, kart. ●●

Hobby Stoffdruck und Stoffmalerei
(0555) Von A. Ursin, 80 S., 68 Farbfotos,
68 Zeichnungen, kart. ●●

Stoffmalerei und Stoffdruck
Materialien · Techniken · Ideen · Modelle
(5074) Von H. Gehring, 64 S., 110 Farbfotos,
Pappband. ●●

Batik
leicht gemacht. Materialien ·Färbetechniken ·
Gestaltungsideen. (5112) Von A. Gast, 64 S.,
105 Farbfotos, Pappband. ●●

Kreatives Bilderweben
Materialien – Vorlagen – Motive
(0814) Von A. Schulte-Huxel, 32 S., 58 Farbfotos, 8 Zeichnungen, Pappband. ●

Hobby Applikationen
Materialien · Techniken · Modelle.
(0899) Von H. Probst-Reinhardt, 80 S.,
92 Farbfotos, 31 Zeichnungen, kart. ●●

Flechten
mit Bast, Stroh und Peddigrohr. (5098) Von
H. Hangleiter, 64 S., 47 Farbfotos, 76 Zeichnungen, Pappband. ●●

Falken-Handbuch
Nähen
Abc der Nähtechniken und kreative Modell-
schneiderei in ausführlichen Schritt-für-
Schritt-Bildfolgen. (4272) Von A. Bree,
320 S., 1142 Abbildungen, Schnittmusterbogen für alle Modelle, Pappband. ●●●●

Falken-Handbuch
Häkeln
ABC der Häkeltechniken und Häkelmuster in
ausführlichen Schritt-für-Schritt-Bildfolgen.
(4194) Von H. Fuchs, M. Natter, 288 S.,
597 Farbfotos, 476 farbige Zeichnungen.
Pappband. ●●●●

Häkeln
Schritt für Schritt für Rechts- und Linkshän-
der. (5134) Von H. Klaus, 64 S., 120 Farbfotos, 144 Zeichnungen, Pappband. ●●

Monogrammstickerei
Mit Vorlagen für Initialen, Vignetten und
Ornamente. (5148) Von H. Fuchs, 64 S.,
50 Farbfotos, 50 Zeichnungen, Pappband.
●●

Falken-Handbuch
Stricken
ABC der Stricktechniken und Strickmuster in
ausführlichen Schritt-für-Schritt-Bildfolgen.
(4137) Von M. Natter, 312 S., 106 Farb- und
922 s/w-Fotos, 318 Zeichnungen, Pappband.
●●●●

Das moderne Standardwerk von der
Expertin
Perfekt Stricken
Mit Sonderteil Häkeln. (4250) Von H. Jaacks,
256 S., 703 Farbfotos, 169 Farb- und
121 s/w-Zeichnungen, Pappband. ●●●

Videokassette Stricken
(6007) VHS. Von P. Krolikowski-Habicht,
H. Jaacks, 51 Min., in Farbe. ●●●●*

Stricken
Schritt für Schritt für Rechts- und Links-
händer. (5142) Von S. Oelwein-Schefczik,
64 S., 148 Farbfotos, 173 Zeichnungen,
Pappband. ●●

**Die schönsten Handarbeiten zum
Verschenken**
(4225) Von B. Wenzelburger, 128 S.,
156 Farbfotos, 70 zweifarbige Zeichnungen,
Pappband. ●●●●

Kuscheltiere stricken und häkeln
Arbeitsanleitungen und Modelle. (0734) Von
B. Wehrle, 32 S., 60 Farbfotos, 28 Zeichnun-
gen, Spiralbindung. ●

Hobby Patchwork und Quilten
(0768) Von B. Staub-Wachsmuth, 80 S.,
108 Farbabb., 43 Zeichnungen, kart. ●●

Hobby Spitzencollagen
Bezaubernde Motive aus edlem Material.
(0847) Von H. Westphal, 80 S., 186 Farbfotos, kart. ●●

Textiles Gestalten
Weben, Knüpfen, Batiken, Sticken, Objekte
und Strukturen. (5123) Von J. Fricke, 136 S.,
67 Farb- und 189 s/w-Fotos, 15 Zeichnungen, kart. ●●

Gestalten mit Glasperlen
fädeln · sticken · weben (0640) Von A. Köhler, 32 S., 55 Farbfotos, Spiralbindung. ●

Schmuck, Accessoires und Dekoratives
aus Fimo modelliert. (0873) Von A. Aurich,
32 S., 54 Farbfotos, Pappband. ●

Exklusiver Modeschmuck
aus dem eigenen Atelier
(0925) Von J. Niemeier, J. Klein, 80 S.,
141 Farbfotos, 25 Zeichnungen, kart. ●●

Neue zauberhafte Salzteig-Ideen
(0719) Von I. Kiskalt, 80 S., 324 Farbfotos,
12 Zeichnungen, kart. ●●

Hobby Salzteig
(0662) Von I. Kiskalt, 80 S., 150 Farbfotos,
5 Zeichnungen, Schablonen, kart. ●●

Gestalten mit Salzteig
formen · bemalen · lackieren. (0613) Von
W.-U. Cropp, 32 S., 56 Farbfotos, 17 Zeichnungen, Pappband. ●

Originell und dekorativ
Salzteig mit Naturmaterialien
(0833) Von A. und H. Wegener, 80 S.,
166 Farbfotos, kart. ●●

Buntbemalte Kunstwerke aus Salzteig
Figuren, Landschaften und Wandbilder.
(5141) Von G. Belli, 64 S., 165 Farbfotos,
1 Zeichnung, Pappband. ●●

Kreatives Gestalten mit Salzteig
Originelle Motive für Fortgeschrittene. (0769)
Hrsg. I. Kiskalt, 80 S., 168 Farbfotos, kart. ●●

Videokassette Salzteig
(6010) VHS. Von I. Kiskalt, Dr. A. Teuchert,
in Farbe, ca. 35 Min. ●●●●*

Tiffany-Spiegel selbermachen
Materialien · Arbeitsanleitung · Vorlagen.
(0761) Von R. Thomas, 32 S., 45 Farbfotos,
Pappband. ●

Tiffany-Schmuck selbermachen
Materialien · Arbeitsanleitungen · Modelle.
(0871) Von B. Poludniak, II. W. Scheib, 32 S.,
54 Farbfotos, 3 Zeichnungen, Pappband. ●

Tiffany-Lampen selbermachen
Arbeitsanleitung · Materialien · Modelle.
(0684) Von I. Spliethoff, 32 S., 60 Farbfotos,
Pappband. ●

Hobby Glaskunst in Tiffany-Technik
(0781) Von N. Köppel, 80 S., 194 Farbfotos,
6 s/w-Abb., kart. ●●

Altes Brauchtum neu endeckt
Schmuck-Glas
Kunstvoll gestalten und verzieren. (0919)
Von I. Kiskalt, 32 S., 45 Farbfotos,
3 s/w-Zeichnungen, Pappband. ●

Origami –
Die Kunst des Papierfaltens. (0280) Von
R. Harbin, 160 S., 633 Zeichnungen, kart. ●

Hobby Origami
Papierfalten für groß und klein.
(0756) Von Z. Aytüre-Scheele, 88 S., über
800 Farbfotos, kart. ●

Neue zauberhafte Origami-Ideen
Papierfalten für groß und klein.
(0805) Von Z. Aytüre-Scheele, 80 S.,
720 Farbfotos, kart. ●●

Weihnachtsbasteleien
(0667) Von M. Kühnle und S. Beck, 32 S.,
56 Farbfotos, 6 Zeichnungen, Pappband. ●

Alle Jahre wieder…
Avent und Weihnachten
Basteln – Backen – Schmücken – Singen –
Vorlesen – Feiern.
(4260) Von H. und Y. Nadolny, 256 S.,
105 Farbfotos, 130 Zeichnungen, Pappband.
●●●

Bastelspaß mit der Laubsäge
Mit Schnittmusterbogen für viele Modelle in
Originalgröße. (0741) Von L. Giesche,
M. Bausch, 32 S., 61 Farbfotos, 7 Zeichnun-
gen, Schnittmusterbogen, Pappband. ●

Strohschmuck selbstgebastelt
Sterne, Figuren und andere Dekorationen
(0740) Von E. Rombach, 32 S., 60 Farbfotos,
17 Zeichnungen, Pappband. ●

Das Herbarium
Pflanzen sammeln, bestimmen und pressen.
(5113) Von I. Gabriel, 96 S., 140 Farbfotos,
Pappband. ●●

Gestalten mit Naturmaterialien
Zweige, Kerne, Federn, Muscheln und ande-
res. (5128) Von I. Krohn, 64 S., 101 Farbfotos,
11 farbige Zeichnungen, Pappband. ●●

Blütenbilder aus Blumen und Blättern
Phantasievolle Naturcollagen.
(0872) Von G. Schamp, 32 S., 57 Farbfotos, 1
Zeichnung, Pappband. ●

Dauergestecke
mit Zweigen, Trocken- und Schnittblumen.
(5121) Von G. Vocke, 64 S., 57 Farbfotos,
Pappband. ●●

Ikebana
Einführung in die japanische Kunst des Blu-
mensteckens. (0548) Von G. Vocke, 152 S.,
47 Farbfotos, kart. ●●

Hobby Trockenblumen
Gewürzsträuße, Gestecke, Kränze, Buketts.
(0643) Von R. Strobel-Schulze, 88 S.,
170 Farbfotos, kart. ●●

Hobby Gewürzsträuße
und zauberhafte Gebinde nach Salzburger
Art. (0726) Von A. Ott, 80 S., 101 Farbfotos,
51 farbige Zeichnungen, kart. ●●

Trockenblumen und Gewürzsträuße
(5084) Von G. Vocke, 64 S., 63 Farbfotos,
Pappband. ●●

Töpfern
als Kunst und Hobby. (4073) Von J. Fricke,
132 S., 37 Farbfotos, 222 s/w-Fotos,
Pappband. ●●●●

Kreatives Gestalten mit Ton
Töpfern ohne Scheibe – Aufbaukeramik
(0896) Von A. Riedinger, 80 S., 207 Farbfotos, 16 Zeichnungen, 7 Vignetten, kart. ●●

Schöne Sachen modellieren
Originelles aus Cernit – ideenreich gestaltet.
(0762) Von G. Thelen, 32 S., 105 Farbfotos,
Pappband. ●

Porzellanpuppen
Zauberhafte alte Puppen selbst nachbilden.
(5138) Von C. A. und D. Stanton, 64 S.,
58 Farbfotos, 22 Zeichnungen, Pappband.
●●

Zauberhafte alte Puppen
Sammeln · Restaurieren · Nachbilden
(4255) Von C. A. Stanton, J. Jacobs, 120 S.,
157 Farbfotos, 24 Zeichnungen, Pappband.
●●●●

Die hier vorgestellten Bücher, Videokassetten und Software sind in folgende Preisgruppen unterteilt:

● Preisgruppe bis DM 10,–/S 79,–   ●●● Preisgruppe über DM 20,– bis DM 30,–   ●●●● Preisgruppe über DM 30,– bis DM 50,–
●● Preisgruppe über DM 10,– bis DM 20,–   S 161,– bis S 240,–   S 241,– bis S 400,–
     S 80,– bis S 160,–   ●●●●● Preisgruppe über DM 50,–/S 401,–
                                                                              *(unverbindliche Preisempfehlung)

Die Preise entsprechen dem Status beim Druck dieses Verzeichnisses (s. Seite 1) – Änderungen, im besonderen der Preise, vorbehalten –

Stoffpuppen
Liebenswerte Modelle selbermachen.
(5150) Von I. Wolff, 56 S., 115 Farbfotos,
15 Zeichnungen, mit Schnittmusterbogen,
Pappband. ●●

Hobby Puppen
Bezaubernde Modelle selbst gestalten.
(0742) Von B. Wenzelburger, 88 S., 163 Farbfotos, 41 Zeichnungen, 11 Schnittmuster,
kart. ●

Selbstgestrickte Puppen
Materialien und Arbeitsanleitungen.
(0638) Von B. Wehrle, 32 S., 21 Farbfotos,
24 Zeichnungen, Pappband. ●

Dekorative Rupfenpuppen
Arbeitsanleitungen und Gestaltungsvorschläge. (0733) Von B. Wenzelburger, 32 S.,
57 Farbfotos, 14 Zeichnungen, Spiralbindung. ●

Phantasiepuppen stricken und häkeln
Märchenhafte Modelle mit Arbeitsanleitungen. (0813) Von B. Wehrle, 32 S., 26 Farbfotos, 30 einfarbige und 16 dreifarbige
Zeichnungen, Pappband. ●

Heißgeliebte Teddybären
Selbermachen · Sammeln · Restaurieren.
(0900) Von H. Nadolny, Y. Thalheim, 80 S.,
119 Farbfotos, 23 s/w-Zeichnungen, 14 S.
Schnittmusterbogen, kart. ●●

Schritt für Schritt zum Scherenschnitt
Materialien · Techniken · Gestaltungsvorschläge. (0732) Von H. Klingmüller, 32 S.,
38 Farbfotos, 34 Vorlagen, Pappband. ●

Hobby Drachen
bauen und steigen lassen. (0767) Von
W. Schimmelpfennig, 80 S., 1 dreiseitige
Ausklapptafel, 55 Farbfotos, 139 Zeichnungen, kart. ●●

Ferngelenkte Motorflugmodelle
bauen und fliegen. (0400) Von W. Thies,
184 S., mit Zeichnungen und Detailplänen,
kart. ●●

Flugmodelle
bauen und einfliegen. (0361) Von W. Thies
und W. Rolf, 160 S., 63 Abb., 7 Faltpläne,
kart. ●●

Kleine Welt auf Rädern
Das faszinierende Spiel mit **Modelleisenbahnen** (4175) Von F. Eisen, 256 S., 72 Farb-
und 180 s/w-Fotos, 25 Zeichnungen,
Pappband. ●●

Anlagenbau in Modultechnik
für Modelleisenbahnen und Dioramen.
(0845) Von J. Thal, 104 S., 64 Farbfotos,
28 Zeichnungen, kart. ●●●

Videokassette
Die Modelleisenbahn
Anlagenbau in Modultechnik. Neue kreative
Gestaltung. Neue raffinierte Techniken.
(6028) VHS, von J. Grahn, 30 Min., in Farbe,
●●●●*

Schiffsmodelle
selber bauen. (0500) Von D. und R. Lochner,
200 S., 93 Zeichnungen, 2 Faltpläne, kart.
●●

Ferngelenkte Segelflugmodelle
bauen und fliegen. (0446) Von W. Thies,
176 S., 22 s/w-Fotos, 115 Zeichnungen, kart.
●●

Garagentore selbst bemalt
Techniken und Motive. (0786) Von H. und Y.
Nadolny, 32 S., 24 Farbfotos, 12 s/w-Zeich-
nungen, Pappband. ●

Falken Handbuch
Heimwerken
Reparieren und Selbermachen im Haus und
Wohnung - über 1100 Farbfotos. Praktische
Tips vom Profi: Selbermachen, Reparieren,
Renovieren, Kostensparen. (4117) Von Th.
Pochert, 440 S., 1103 Farbfotos, 100 ein- und
zweifarbige Abb., Pappband. ●●●●

Falken-Heimwerker-Praxis
Tapezieren
(0743) Von W. Nitschke, 112 S., 186 Farbfotos, 9 Zeichnungen, kart. ●●

Falken-Heimwerker-Praxis
Anstreichen und Lackieren
(0771) Von P. Müller, 120 S., 186 Farbfotos,
2 s/w Fotos, 3 Zeichnungen, kart. ●●

Falken-Heimwerker-Praxis
Fahrrad-Reparaturen
(0796) Von R. van der Plas, 112 S., 140 Farbfotos, 113 farbige Zeichnungen, kart. ●●

Falken-Heimwerker-Praxis
Kleinmöbel aus Holz
(0905) Von O. Maier, 128 S., 210 Farbfotos,
80 Zeichnungen, kart. ●●

Restaurieren von Möbeln
Stilkunde, Materialien, Techniken, Arbeitsanleitungen in Bildfolgen. (4120) Von
E. Schnaus-Lorey, 152 S., 37 Farbfotos,
75 s/w Fotos, 352 Zeichnungen, Pappband.
●●●●

**Möbel aufarbeiten, reparieren und
pflegen**
(0386) Von E. Schnaus-Lorey, 96 S.,
28 Fotos, 101 Zeichnungen, kart. ●●

**Feuerzeichen behagliche Wohnkultur
Kachelöfen, Kamine und Kaminöfen**
(4288) Hrsg. von C. Berninghaus. Von
R. Heinen, G. Kosicek, H. P. Sabborrosch,
168 S., 291 Farbfotos, 28 s/w-Fotos, 8 Zeichnungen, Pappband. ●●●●●

Moderne Fotopraxis
(4401) Von G. Koshofer, Prof. H. Wedewardt,
224 S., 363 Farbfotos, 106 s/w-Fotos, 5 Farb-
und 24 s/w-Zeichnungen, Pappband. ●●

Aktfotografie
Interpretation zu einem unerschöpflichen
Thema. Gestaltung · Technik · Spezialeffekte.
(0737) Von H. Wedewardt, 88 S., 144 Farb-
und 6 s/w-Fotos, 6 Zeichnungen, kart. ●●

Videokassette
Aktfotografie
(6001) VHS, Laufzeit ca. 60 Min. in Farbe.
●●●●●*

So macht man bessere Fotos
Das meistverkaufte Fotobuch der Welt.
(0614) Von M. L. Taylor, 192 S., 457 Farbfotos, 15 Abb., kart. ●●

Schmalfilmen
Ausrüstung · Aufnahmepraxis · Schnitt · Ton.
(0342) Von U. Ney, 108 S., 4 Farbtafeln,
25 s/w-Fotos, kart. ●

Schmalfilme selbst vertonen
(0593) Von U. Ney, 96 S., 57 s/w-Fotos,
14 Zeichnungen, kart. ●

Videografieren
Filmen mit Video 8. Technik – Bildgestaltung
– Schnitt – Vertonung. (0843) Von M. Wild,
K. Möller, 120 S., 101 Farbfotos,
22 s/w-Fotos, 52 Zeichnungen, kart. ●●

Videokassette
Videografieren
Filmen mit Video 8. Technik – Bildgestaltung
– Schnitt – Vertonung. (6031) VHS, (6033)
Beta, (6034) Sony 8 mm, von M. Wild,
60 Min., in Farbe. ●●●●*

**Mit vollem Genuß
Pfeife rauchen**
Alles über Tabaksorten, Pfeifen und Zubehör.
(4227) Von H. Behrens, H. Frickert, 168 S.,
127 Farbfotos, 18 Zeichnungen, Pappband.
●●●●

Die Fazination der Philatelie
Briefmarken sammeln
(4273) Von D. Stein, 212 S., 124 s/w-Fotos,
24 Farbtafeln, Pappband. ●●●

Briefmarken
sammeln für Anfänger. (0481) Von D. Stein.
120 S., 4 Farbtafeln, 98 s/w-Abb., kart. ●

Münzen
Ein Brevier für Sammler. (0353) Von
E. Dehnke, 128 S., 4 Farbtafeln, 17 s/w-Abb.,
kart. ●●

Astronomie als Hobby
Sternbilder und Planeten erkennen und
benennen. (0572) Von D. Block, 176 S.,
16 Farbtafeln, 49 s/w-Fotos, 93 Zeichnungen, kart. ●●

Astronomie im Bild
Unser Sternenhimmel rund ums Jahr
(0849) Von Dr. E. Übelacker, 88 S., 48 Farbfotos, 1 s/w-Foto, 68 Farbzeichnungen, kart.
●●

Freizeit mit dem Mikroskop
(0291) Von M. Deckart, 132 S., 8 Farbtafeln,
64 s/w-Abb., 2 Zeichnungen, kart. ●

Gitarre spielen
Ein Grundkurs für den Selbstunterricht.
(0534) Von A. Roßmann, 96 S., 1 Schallfolie,
150 Zeichnungen, kart. ●●

Komm mit ins Land der Lieder
Das große Buch der Kinder-, Volks- und
Chorlieder. (4261) Hrsg. von H. Rauhe,
176 S., 146 Farbzeichnungen, Pappband.
●●●

Die schönsten Wander- und Fahrtenlieder
(0462) Hrsg. von F. R. Miller, empfohlen vom
Deutschen Sängerbund, 80 S., mit Noten
und Zeichnungen, kart. ●

Die schönsten Volkslieder
(0432) Hrsg. von D. Walther, 128 S., mit
Noten und Zeichnungen, kart. ●

Technik

Dampflokomotiven
(4204) Von W. Jopp, 96 S., 134 Farbfotos,
Pappband. ●●●

Die Super-Eisenbahnen der Welt
(4287) Von W. Kosak, H. G. Isenberg, 224 S.,
269 Farbfotos, 79 s/w-Fotos, 8 Vignetten,
5 farb. Ausklapptafeln, Pappband. ●●●●

Zivilflugzeuge
Vom Kleinflugzeug zum Überschall-Jet
(4218) Von R. J. Höhn, H. G. Isenberg, 96 S.,
115 Farbfotos, Pappband. ●●●

Trucks
Giganten der Landstraßen in aller Welt.
(4222) Von H. G. Isenberg, 96 S., 131 Farbfotos, Pappband. ●●●

Die Super-Trucks der Welt
(4257) Von H. G. Isenberg, 194 S., 205 Farbfotos, 87 s/w-Fotos, 7 Farbzeichnungen,
4 Ausklapptafeln, Pappband. ●●●●

Die Super-Motorräder der Welt
(4193) Von H. G. Isenberg, 192 S., 170 Farb-
und 100 s/w-Fotos, 8 Zeichnungen, Pappband. ●●●●

Motorrad-Hits
Chopper, Tribikes, Heiße Öfen. (4221) Von
H. G. Isenberg, 96 S., 119 Farbfotos, Papp-
band. ●●●

Motorrad-Faszination
Heiße Öfen, von denen jeder träumt.
(4223) Von H. G. Isenberg, 96 S., 103 Farb-
und 20 s/w-Fotos, Pappband. ●●●

Sport und Fitneß

ZDF Sportjahr '87
Rekorde, Siege, Schicksale, Ergebnisse,
Termine '88
(4290) Hrsg. von B. Heller, 192 S., 275 Farb-
und 4 s/w-Fotos, kart. ●●

Neue Lehrmethoden der Judo-Praxis
(0424) Von P. Herrmann, 223 S., 475 Abb.,
kart. ●●

Judo
Grundlagen – Methodik. (0305) Von
M. Ohgo, 208 S., 1025 Fotos, kart. ●●

Fußwürfe
für Judo, Karate und Selbstverteidigung.
(0439) Von H. Nishioka, 96 S., 260 Abb.,
kart. ●

Modernes Karate
Das große Standardwerk mit 2229 Abbildungen. (4280) Von T. Okazaki, Dr. med.
M. V. Stricevic, übers. von M. Pabst, 376 S.,
2279 Abbildungen, Pappband. ●●●●

Karate für alle
Karate-Selbstverteidigung in Bildern. (0314)
Von A. Pflüger, 112 S., 356 s/w-Fotos, kart. ●

Nakayamas Karate perfekt 1
Einführung. (0487) Von M. Nakayama,
136 S., 605 s/w-Fotos, kart. ●●

Nakayamas Karate perfekt 2
Grundtechniken. (0512) Von M. Nakayama,
136 S., 354 s/w-Fotos, 53 Zeichnungen, kart.
●●

Nakayamas Karate perfekt 3
Kumite 1: Kampfübungen. (0538) Von
M. Nakayama, 128 S., 424 s/w-Fotos, kart.
●●

Nakayamas Karate perfekt 4
Kumite 2: Kampfübungen. (0547) Von
M. Nakayama, 128 S., 394 s/w-Fotos, kart.
●●

Nakayamas Karate perfekt 5
Kata 1: Heian, Tekki. (0571) Von M. Nakayama, 144 S., 1229 s/w-Fotos, kart. ●●

Nakayamas Karate perfekt 6
Kata 2: Bassai-Dai, Kanku-Dai. (0600) Von
M. Nakayama, 144 S., 1300 s/w-Fotos,
107 Zeichnungen, kart. ●●

Nakayamas Karate perfekt 7
Kata 3: Jitte, Hangetsu, Empi. (0618) Von
M. Nakayama, 144 S., 1988 s/w-Fotos,
105 Zeichnungen, kart. ●●

Nakayamas Karate perfekt 8
Gankaku, Jion. (0650) Von M. Nakayama,
144 S., 1174 s/w-Fotos, 99 Zeichnungen, kart.
●●

Kontakt-Karate
Ausrüstung · Technik · Training. (0396) Von
A. Pflüger, 112 S., 238 s/w-Fotos, kart. ●●

Karate-Do
Das Handbuch des modernen Karate. (4028)
Von A. Pflüger, 360 S., 1159 Abb., Pappband.
●●●●

Bo-Karate
Kukishin-Ryu – die Techniken des Stock-
kampfes. (0447) Von G. Stiebler, 176 S.,
424 s/w-Fotos, 38 Zeichnungen, kart. ●●

Karate 1
Einführung · Grundtechniken. (0227) Von
A. Pflüger, 148 S., 195 s/w-Fotos, 120 Zeich-
nungen, kart. ●

Karate 2
Kombinationstechniken · Katas. (0239) Von
A. Pflüger, 176 S., 452 s/w-Fotos und Zeich-
nungen, kart. ●

Karate Kata 1
Heian 1-5, Tekki 1, Bassai Dai. (0683) Von
W.-D. Wichmann, 164 S., 703 s/w-Fotos,
kart. ●●

Karate Kata 2
Jion, Empi, Kanku-Dai, Hangetsu. (0723) Von
W.-D. Wichmann, 140 S., 661 s/ w-Fotos,
4 Zeichnungen, kart. ●●

25 Shotokan-Katas
Auf einen Blick: Karate-Katas für Prüfungen
und Wettkämpfe. (0859) Von A. Pflüger,
88 S., 185 s/w-Abbildungen, 26 ganzseitige
Tafeln mit über 1.600 Einzelschritten, kart.
●●

Videokassette
Karate
Einführung und Grundtechniken.
(6037) VHS, Von A. Pflüger, ca. 45 Min.,
in Farbe, ●●●●●*

Ninja 1
Die Lehre der Schattenkämpfer. (0758) Von
S. K. Hayes, 144 S., 137 s/w-Fotos, kart. ●●

Ninja 2
Die Wege zum Shoshin (0763) Von
S. K. Hayes, 160 S., 309 s/w-Fotos, kart. ●●

Ninja 3
Der Pfad des Togakure-Kämpfers.
(0764) Von S. K. Hayes, 144 S.,
197 s/w-Fotos, 2 Zeichnungen, kart. ●●

Ninja 4
Das Vermächtnis der Schattenkämpfer.
(0807) Von S. K. Hayes, 196 S., 466 s/w-
Fotos, kart. ●●

Der König des Kung-Fu
Bruce Lee
Sein Leben und Kampf. (0392) Von L. Lee,
136 S., 104 s/w-Fotos, kart. ●●

Bruce Lees Kampfstil 1
Grundtechniken. (0473) Von B. Lee,
M. Uyehara, 109 S., 220 Abb., kart. ●

Bruce Lees Kampfstil 2
Selbstverteidigungs-Techniken. (0486) Von
B. Lee, M. Uyehara, 128 S., 310 Abb., kart. ●

Bruce Lees Kampfstil 3
Trainingslehre. (0503) Von B. Lee,
M. Uyehara, 112 S., 246 Abb., kart. ●

Bruce Lees Kampfstil 4
Kampftechniken. (0523) Von B. Lee,
M. Uyehara, 104 S., 211 Abb., kart. ●

Bruce Lees Jeet Kune Do
(0440) Von B. Lee, 192 S., mit 105 eigenhän-
digen Zeichnungen von B. Lee, kart. ●●

Ju-Jutsu 1
Grundtechniken – Moderne Selbstverteidigung. (0276) Von W. Heim, F. J. Gresch,
164 S., 450 s/w-Fotos, 8 Zeichnungen, kart.
●

Ju-Jutsu 2
für Fortgeschrittene und Meister. (0378) Von
W. Heim, F. J. Gresch, 160 S., 798 s/w- Fotos,
kart. ●●

Ju-Jutsu 3
Spezial-, Gegen- und Weiterführungs-Techni-
ken. (0485) Von W. Heim, F. J. Gresch,
200 S., über 600 s/w-Fotos, kart. ●●

Ju-Jutsu als Wettkampf
(0826) Von G. Kulot, 168 S., 418 s/w-Fotos,
2 Zeichnungen, kart. ●●

Nunchaku
Waffe · Sport · Selbstverteidigung. (0373)
Von A. Pflüger, 144 S., 247 Abb., kart. ●●

Shuriken · Tonfa · Sai
Stockfechten und andere bewaffnete Kampf-
sportarten aus Fernost. (0397) Von A. Schulz,
96 S., 253 s/w-Fotos, kart. ●●

**Illustriertes Handbuch des
Taekwondo**
Koreanische Kampfkunst und Selbstverteidi-
gung. (4053) Von K. Gil, 248 S., 1026 Abb.,
Pappband. ●●●

Taekwon-Do
Koreanischer Kampfsport. (0347) Von K. Gil,
152 S., 408 Abb., kart. ●●

Taekwondo perfekt 1
Die Formenschule bis zum Blaugurt.
(0890) Von K. Gil, Kim Chul-Hwan, 176 S.,
439 s/w-Fotos, 107 Zeichnungen, kart. ●●

Aikido
Lehren und Techniken des harmonischen
Weges. (0537) Von R. Brand, 280 S.,
697 Abb., kart. ●●

Kung-Fu und Tai-Chi
Grundlagen und Bewegungsabläufe. (0367)
Von B. Tegner, 182 S., 370 s/w-Fotos, kart. ●●

Kung-Fu
Theorie und Praxis klassischer und moderner Stile. (0376) Von M. Pabst, 160 S.,
330 Abb., kart. ●●

Shaolin-Kempo – Kung-Fu
Chinesisches Karate im Drachenstil. (0395)
Von R. Czerni, K. Konrad. 246 S., 723 Abb.,
kart. ●●

Hap Ki Do
Grundlagen und Techniken koreanischer
Selbstverteidigung. (0379) Von Kim Sou
Bong, 112 S., 153 Abb., kart. ●●

Dynamische Tritte
Grundlagen für den Zweikampf. (0438) Von
C. Lee, 96 S., 398 s/w-Fotos, 10 Zeichnun-
gen, kart. ●

Kickboxen
Fitneßtraining und Wettkampfsport.
(0795) Von G. Lemmens, 96 S., 208 s/w-
Fotos, 23 Zeichnungen, kart. ●●

Selbstverteidigung
Abwehrtechniken für Sie und Ihn
(0853) Von E. Deser, 96 S., 259 s/w-Fotos,
kart. ●

Muskeltraining mit Hanteln
Leistungssteigerung für Sport und Fitness.
(0676) Von H. Schulz, 108 S., 92 s/w-Fotos,
2 Zeichnungen, kart. ●

Leistungsfähiger durch Krafttraining
Eine Anleitung für Fitness-Sportler, Trainer
und Athleten (0617) Von W. Kieser, 100 S.,
20 s/w-Fotos, 62 Zeichnungen, kart. ●

**Die Faszination athletischer Körper
Bodybuilding**
mit Weltmeister Ralf Möller. (4281) Von
R. Möller, 128 S., 169 Farbfotos, 14 s/w-
Fotos, 1 Farbzeichnung, Pappband. ●●●●

Bodybuilding
Anleitung zum Muskel- und Konditionstraining für sie und ihn. (0604) Von R. Smolana. 160 S., 171 s/w-Fotos, kart. ●

Hanteltraining zu Hause
(0800) Von W. Kieser, 80 S., 71 s/w-Fotos, 4 Zeichnungen, kart. ●

Fit und gesund
Körpertraining und Bodybuilding zu Hause. (0782) Von H. Schulz, 80 S., 100 Farbfotos, 3 Zeichnungen, kart. ●●

Videokassette
Fit und gesund
(6013) VHS, Laufzeit 30 Minuten, in Farbe. ●●●●*

Bodybuilding für Frauen
Wege zu Ihrer Idealfigur (0661) Von H. Schulz, 108 S., 84 s/w-Fotos, 4 Zeichnungen, kart. ●●

Bodyshaping · Bodybuilding
Mit Anja Albrecht zur Idealfigur. (4405) Von A. Albrecht, 128 S., 164 Farbfotos, 4 s/w-Fotos, 1 Farb- und 1 s/w-Zeichnung, Pappband. ●●●●

Optimale Ernährung
für Krafttraining und Budybuilding. (0912) Von B. Dahmen, 88 S., 8 Farbtafeln, 8 Zeichnungen, kart. ●

Top-Form im Sport
Ernährungs-Training
Das Erfolgsprogramm für den Ausdauersportler. (0945) Von M. Inzinger, Dipl.-Occ. troph. G. Wagner, 160 S., 31 Farbzeichnungen, 16 Grafiken, kart. ●●

Gesund und leistungsfähig durch **Konditionsübungen, Fitneßtraining, Wirbelsäulengymnastik**
(0844) Von R. Milser, K. Grafe, 104 S., 99 Farbfotos, 12 Farbzeichnungen, 5 s/w-Zeichnungen, kart. ●●

Stretching
Mit Dehnungsgymnastik zu Entspannung. Geschmeidigkeit und Wohlbefinden. (0717) Von H. Schulz, 80 S. 90 s/w-Fotos, kart. ●

Isometrisches Training
Übungen für die Muskelkraft und Entspannung. (0529) Von L. M. Kirsch, 140 S., 162 s/w-Fotos, kart. ● ●

Gesund und fit durch Gymnastik
(0366) Von H. Pilss-Samek, 132 S., 150 Abb., kart. ●

Spaß am Laufen
Jogging für die Gesundheit. (0470) Von W. Sonntag, 140 S., 41 s/w-Fotos, 1 Zeichnung, kart. ●

Mein bester Freund, der Fußball
(5107) Von D. Brüggemann, D. Albrecht, 144 S., 171 Abb., kart. ●●

Fußball
Training und Wettkampf. (0448) Von H. Obermann, P. Walz, 166 S., 92 s/w-Fotos, 15 Zeichnungen, 29 Diagramme, kart. ●●

Handball
Technik · Taktik · Regeln. (0426) Von F. und P. Hattig, 128 S., 91 s/w-Fotos, 121 Zeichnungen, kart. ●●

Volleyball
Technik · Taktik · Regeln. (0351) Von H. Huhle, 104 S., 330 Abb., kart. ●

Badminton
Technik · Taktik · Training. (0699) Von K. Fuchs, L. Sologub, 168 S., 51 Abb., kart., ●●

Die neue Tennis-Praxis
Der individuelle Weg zu erfolgreichem Spiel. (4097) Von R. Schönborn, 240 S., 202 Farbzeichnungen, 31 s/w-Abb., Pappband. ●●●●

Erfolgreiche Tennis-Taktik
(4086) Von R. Ford Greene, übersetzt von M. R. Fischer, 182 S., 87 Abb., kart. ●●

Moderne Tennistechnik
(4187) Von G. Lam, 192 S., 339 s/w-Fotos, 91 Zeichnungen, kart. ●●●

Tennis
Technik · Taktik · Regeln. (0375) Von H. Elschenbroich, 112 S., 81 Abb., kart. ●

Tischtennis-Technik
Der individuelle Weg zu erfolgreichem Spiel. (0775) Von M. Perger, 144 S., 296 Abb. kart. ●●

Squash
Ausrüstung · Technik · Regeln. (0539) Von D. von Horn, H.-D. Stünitz, 96 S., 55 s/w-Fotos, 25 Zeichnungen, kart. ●

Golf
Ausrüstung · Technik · Regeln. (0343) Von J. C. Jessop, übersetzt von H. Biemer, mit einem Vorwort von H. Krings, Präsident des Deutschen Golf-Verbandes, 160 S., 65 Abb., Anhang Golfregeln des DGV, kart. ●●

Pool-Billard
(0484) Herausgegeben vom Deutschen Pool- Billard-Bund, von M. Bach, K.-W. Kühn, 104 S., mit über 64 Abb.,`kart. ●

Sportschießen
für jedermann. (0502) Von A. Kovacic, 124 S., 116 s/w-Fotos, kart. ●

Fechten
Florett · Degen · Säbel. (0449) Von E. Beck, 88 S., 185 Fotos, 10 Zeichnungen, kart. ●●

Wir lernen tanzen
Standard- und lateinamerikanische Tänze. (0200) Von E. Fern, 168 S., 118 s/w-Fotos, 47 Zeichnungen, kart. ●●

So tanzt man Rock'n'Roll
Grundschritte · Figuren · Akrobatik. (0573) Von W. Steuer und G. Marz, 224 S., 303 Abb., kart. ●●

Tanzen überall
Discofox, Rock'n'Roll, Blues, Langsamer Walzer, Cha-Cha-Cha zum Selberlernen. (0760) Von H. M. Pritzer, 112 S., 128 Farbfotos, kart. ●●

Anmutig und fit durch
Bauchtanz
(0911) Von Marta, 120 S., 229 Farbfotos, 6 s/w-Zeichnungen, kart. ●●

Fit mit **Stretching**
(2304) Von B. Kurz, 96 S., 255 Farbfotos, kart. ●●

Fit mit **Tai Chi**
als sanfte Körpererfahrung (2305) Von B. u. K. Moegling, 112 S., 121 Farbfotos, 6 Farb- u. 4 s/w-Zeichnungen, kart. ●●

Fit mit **Volleyball**
(2302) Von Dr. A. Scherer, 104 S., 27 Farb- und 1 s/w-Foto, 12 Farb- und 29 s/w-Zeichnungen, kart. ●●

Fit mit **Tanzen**
(2303) Von K. Richter, H. Kleinow, 88 S., 94 Farbfotos, kart. ●●

Fit mit **Karate**
(2308) Von A. Pflüger, 96 S., 134 Farbfotos, 4 s/w-Zeichnungen, kart. ●●

Funboard-Surfen
Material · Technik · Regatten · Internationale Reviere. (4297) Von J. Evans, 144 S., 106 Farbfotos, 9 Farbzeichnungen, 68 zweifarbige und 5 s/w-Zeichnungen, kart. ●●●

Segeln
Der neue Grundschein – Vorstufe zum A-Schein – Mit Prüfungsfragen. (5147) Von C. Schmidt, 80 S., 8 Farbtafeln, 18 Farbfotos, 82 Zeichnungen, kart. ●●

Falken-Handbuch
Angeln
in Binnengewässern und im Meer. (4090) Von H. Oppel, 344 S., 24 Farbtafeln, 66 s/w-Fotos, 151 Zeichnungen, gebunden. ●●●

Angeln
Kleine Fibel für den Sportfischer. (0198) Von E. Bondick, 96 S., 116 Abb., kart. ●

Sportfischen
Fische – Geräte – Techniken. (0324) Von H. Oppel, 144 S., 49 s/w-Fotos, 8 Farbtafeln, kart. ●

Sporttauchen
Theorie und Praxis des Gerätetauchens. (0647) Von S. Müßig, 144 S., 8 Farbtafeln, 35 s/w-Fotos, 89 Zeichnungen, kart. ●●

Ski-Gymnastik
Fit für Piste und Loipe. (0450) Von H. Pilss-Samek, 104 S., 67 s/w-Fotos, 20 Zeichnungen, kart. ●

Alpiner Skisport
Ausrüstung · Techniken · Skigymnastik. (5130) Von K. Meßmann, 128 S., 8 Farbtafeln, 93 s/ w-Fotos, 45 Zeichnungen, kart. ●●

Skilanglauf, Skiwandern
Ausrüstung · Techniken · Skigymnastik. (5129) Von T. Reiter und R. Kerler, 80 S., 8 Farbtafeln, 85 Zeichnungen und s/w-Fotos, kart. ●●

Eishockey
Lauf- und Stocktechnik, Körperspiel, Taktik, Ausrüstung und Regeln. (0414) Von J. Čapla, 264 S., 548 s/w-Fotos, 163 Zeichnungen, kart. ●●

Fibel für Kegelfreunde
Sport- und Freizeitkegeln · Bowling. (0191) Von G. Bocsai, 72 S., 62 Abb., kart. ●

Beliebte und neue Kegelspiele
(0271) Von G. Bocsai, 92 S., 62 Abb., kart. ●

111 spannende Kegelspiele
(2031) Von H. Regulski, 88 S., 53 Zeichnungen, kart., ●

Schach

Einführung in das Schachspiel
(0104) Von W. Wollenschläger und K. Colditz, 92 S., 116 Diagramme, kart. ●

Falken-Handbuch **Schach**
(4051) Von T. Schuster, 360 S., über 340 Diagramme, gebunden. ●●●●

Spielend Schach lernen
(2002) Von T. Schuster, 128 S., kart. ●

Kinder- und Jugendschach
Offizielles Lehrbuch des Deutschen Schachbundes zur Errinugng der Bauern-, Turm- und Königsdiplome. (0561) Von B. J. Withuis, H. Pfleger, 144 S., 220 Zeichnungen und Diagramme, kart. ●

Neue Schacheröffnungen
(0478) Von T. Schuster, 108 S., 100 Diagramme, kart. ●

Die hier vorgestellten Bücher, Videokassetten und Software sind in folgende Preisgruppen unterteilt:

● Preisgruppe bis DM 10,–/S 79,–
●● Preisgruppe über DM 10,– bis DM 20,–/ S 80,– bis S 160,–

●●● Preisgruppe über DM 20,– bis DM 30,–/ S 161,– bis S 240,–

●●●● Preisgruppe über DM 30,– bis DM 50,–/ S 241,– bis S 400,–
●●●●● Preisgruppe über DM 50,–/S 401,–
*(unverbindliche Preisempfehlung)

Die Preise entsprechen dem Status beim Druck dieses Verzeichnisses (s. Seite 1) – Änderungen, im besonderen der Preise, vorbehalten –

FALKEN

Falken-Verlag GmbH · Postfach 1120   D-6272 Niedernhausen/Ts. · Tel.: 06127/7020   **7**

Schach für Fortgeschrittene
Taktik und Probleme des Schachspiels.
(0219) Von R. Teschner, 96 S., 85 Diagramme, kart. ●

Taktische Schachendspiele
(0752) Von J. Nunn, 200 S., 151 Diagramme, kart. ●

Die Schach-Revanche
Kasparow/Karpow 1986. (0831) Von O. Borik, H. Pfleger, M. Kipp-Thomas, 144 S., 19 s/w-Fotos, 72 Diagramme, kart. ●●

Schachstrategie
Ein Intensivkurs mit Übungen und ausführlichen Lösungen. (0584) Von A. Koblenz, dt. Bearb. von K. Colditz, 212 S., 240 Diagramme, kart. ●●

Schachtraining mit den Großmeistern
(0670) Von H. Bouwmeester, 128 S., 90 Diagramme, kart. ●●

Schach als Kampf
Meine Spiele und mein Weg. (0729) Von G. Kasparow, 144 S., 95 Diagramme, 9 s/w-Fotos, kart. ●●

Helmut Pflegers
Schachkabinett
Amüsante Aufgaben – überraschende Lösungen. (0877) Von H. Pfleger, 160 S., 118 Diagramme, kart. ●●

Die besten Partien deutscher Schachgroßmeister
(4121) Von H. Pfleger, 192 S., 29 s/w-Fotos, 89 Diagramme, Pappband. ●●●

Lehr-, Übungs- und Testbuch der Schachkombinationen
(0649) Von K. Colditz, 184 S., 227 Diagramme, kart. ●●

Die hohe Schule der
Schachkombination
(0920) Von W. Golz, P. Keres, 272 S., 322 Diagramme, Pappband. ●●

Offizielles Lehrbuch des Deutschen Schachbundes
Das systematische Schachtraining
Trainingsmethoden, Strategien und Kombinationen. (0857) Von Sergiu Samarian, 152 S., 159 Diagramme, 1 Zeichnung, kart. ●●

So denkt ein Schachmeister
Strategische und taktische Analysen. (0915) Von H. Pfleger, G. Treppner, 120 S., 75 Diagramme, kart. ●●

FALKEN-SOFTWARE
Das komplette Schachprogramm
Spielen, Trainieren, Problemlösen mit dem Computer. (7006) Von J. Egger, Diskette für C 64, C 128 PC, mit Begleitheft. ●●●●●*

Zug um Zug
Schach für jedermann 1
Offizielles Lehrbuch des Deutschen Schachbundes zur Erringung des Bauerndiploms. (0648) Von H. Pfleger, E. Kurz, 80 S., 24 s/w-Fotos, 8 Zeichnungen, 60 Diagramme, kart. ●

Zug um Zug
Schach für jedermann 2
Offizielles Lehrbuch des Deutschen Schachbundes zur Erringung des Turmdiploms. (0659) Von H. Pfleger, E. Kurz, 132 S., 8 s/w-Fotos, 14 Zeichnungen, 78 Diagramme, kart. ●

Zug um Zug
Schach für jedermann 3
Offizielles Lehrbuch des Deutschen Schachbundes zur Erringung des Königdiploms. (0728) Von H. Pfleger, G. Treppner, 128 S., 4 s/w-Fotos, 84 Diagramme, 10 Zeichnungen, kart. ●

Zug um Zug
Schach für jedermann 1
(7015) Wendediskette für C 64/C 128 PC, mit Begleitheft. ●●●●*
(7005) Wendediskette für Atari ST 520/1040, mit Begleitheft. ●●●●●*

Schach mit dem Computer
(0747) Von D. Frickenschmidt, 140 S., 112 Diagramme, 29 s/w-Fotos, 5 Zeichnungen, kart. ●●

Spiele und Denksport

Kartenspiele
(2001) Von C. D. Grupp, 144 S., kart. ●

Neues Buch der siebzehn und vier Kartenspiele
(0095) Von K. Lichtwitz, 96 S., kart. ●

Alles über Pokern
Regeln und Tricks. (2024) Von C. D. Grupp, 112 S., 29 Kartenbilder, kart. ●

Rommé und Canasta
in allen Variationen. (2025) Von C. D. Grupp, 124 S., 24 Zeichnungen, kart., ●

Schafkopf, Doppelkopf, Binokel, Cego, Gaigel, Jaß, Tarock und andere „Lokalspiele".
(2015) Von C. D. Grupp, 152 S., kart. ●●

Spielend Skat lernen
unter freundlicher Mitarbeit des Deutschen Skatverbandes. (2005) Von Th. Krüger, 156 S., 181 s/w-Fotos, 22 Zeichnungen, kart. ●

Das Skatspiel
Eine Fibel für Anfänger. (0206) Von K. Lehnhoff, überarb. von P. A. Höfges, 96 S., kart. ●

Black Jack
Regeln und Strategien des Kasinospiels. (2032) Von K. Kelbratowski, 88 S., kart. ●

Falken-Handbuch Patiencen
Die 111 interessantesten Auslagen. (4151) Von U. v. Lyncker, 216 S., 108 Abbildungen, Pappband. ●●●

Patiencen
in Wort und Bild. (2003) Von I. Wolter, 136 S., kart. ●

Neue Patienten
(2036) Von H. Sosna, 160 S., 43 Farbtafeln, kart. ●●

Falken-Handbuch Bridge
Von den Grundregeln zum Turnierspiel. (4092) Von W. Voigt und K. Ritz, 280 S., 792 Zeichnungen, gebunden. ●●●●

Spielend Bridge lernen
(2012) Von J. Weiss, 108 S., 58 Zeichnungen, kart. ●

Spieltechnik im Bridge
(2004) Von V. Mollo und N. Gardener, deutsche Adaption von D. Schröder, 216 S., kart. ●●

Besser Bridge spielen
Reiztechnik, Spielverlauf und Gegenspiel. (2026) Von J. Weiss, 144 S., 60 Diagramme, kart. ●●

Herausforderung im Bridge
200 Aufgaben mit Lösungen. (2033) Von V. Mollo, 152 S., kart. ●●

Präzisions-Treff im Bridge
(2037) Von E. Jannersten, 152 S., kart. ●●

Kartentricks
(2010) Von T. A. Rosee, 80 S., 13 Zeichnungen, kart. ●

Mah-Jongg
Das chinesische Glücks-, Kombinations- und Gesellschaftsspiel. (2030) Von U. Eschenbach, 80 S., 30 s/w-Fotos, 5 Zeichnungen, kart. ●

Neue Kartentricks
(2027) Von K. Pankow, 104 S., 20 Abb., kart. ●

Backgammon
für Anfänger und Könner. (2008) Von G. W. Fink und G. Fuchs, 116 S., 41 Abb., kart. ●

Würfelspiele
für jung und alt. (2007) Von F. Pruss, 112 S., 21 s/w-Zeichnungen, kart. ●

Gesellschaftsspiele
für drinnen und draußen. (2006) Von H. Görz, 128 S., kart. ●

Spiele für Party und Familie
(2014) Von Rudi Carrell, 160 S., 50 Abb., kart. ●

Das japanische Brettspiel Go
(2020) Von W. Dörholt, 104 S., 182 Diagramme, kart. ●

Roulette richtig gespielt
Systemspiele, die Vermögen brachten. (0121) Von M. Jung, 96 S., zahlreiche Tabellen, kart. ●

Spielend Roulette lernen
(2034) Von E. P. Caspar, 152 S., 1 s/w-Foto, 45 Zeichnungen, kart. ●●

Gesellschaftsspiele
für drinnen und draußen. (2006) Von H. Görz, 128 S., kart. ●

Spiele für Party und Familie
(2014) Von Rudi Carrel, 160 S., 50 Abb. kart. ●

Neue Spiele für Ihre Party
(2022) Von G. Blechner, 120 S., 54 Zeichnungen, kart. ●

Lustige Tanzspiele und Scherztänze
für Partys und Feste. (0165) Von E. Bäulke, 80 S., 53 Abb., kart. ●

Straßenfeste, Flohmärkte und Basare
Praktische Tips für Organisation und Durchführung. (0592) Von H. Schuster, 96 S., 52 Fotos, 17 Zeichnungen, kart. ●

Zaubertricks für jedermann
(0282) Von J. Merlin, 176 S., 113 Abb., kart. ●●

Zaubern
einfach - aber verblüffend. (2018) Von D. Bouch, 84 S., 41 Zeichnungen, kart. ●

Magische Zaubereien
(0672) Von Widenmann, 64 S., 31 Zeichnungen, kart. ●

Kinderspiele
die Spaß machen. (2009) Von H. Müller-Stein, 112 S., 28 Abb., kart. ●

Spiele für Kleinkinder
(2011) Von D. Kellermann, 80 S., 23 Abb., kart. ●

Spiel und Spaß am Krankenbett
für Kinder und die ganze Familie. (2035) Von H. Bücken, 104 S., 97 Zeichnungen, kart. ●

Die hier vorgestellten Bücher, Videokassetten und Software sind in folgende Preisgruppen unterteilt:

● Preisgruppe bis DM 10,–/S 79,–
●● Preisgruppe über DM 10,– bis DM 20,– / S 80,– bis S 160,–
●●● Preisgruppe über DM 20,– bis DM 30,– / S 161,– bis S 240,–
●●●● Preisgruppe über DM 30,– bis DM 50,– / S 241,– bis S 400,–
●●●●● Preisgruppe über DM 50,–/S 401,– / *(unverbindliche Preisempfehlung)*

Die Preise entsprechen dem Status beim Druck dieses Verzeichnisses (s. Seite 1) – Änderungen, im besonderen der Preise, vorbehalten –

Kasperletheater
Spieltexte und Spielanleitungen · Basteltips
für Theater und Puppen. (0641) Von U. Lietz,
136 S., 4 Farbtafeln, 12 s/w-Fotos, 39 Zeichnungen, kart. ●

Knobeleien und Denksport
(2019) Von K. Rechberger, 142 S., 105 Zeichnungen, kart. ●

Das Geheimnis der magischen Ringe
Alles über das Puzzle vom Würfel-Erfinder.
Die schönsten Figuren.
(0878) Von Dr. Ch. Bandelow, 96 S.,
198 Zeichnungen, 8 Cartoons, kart. ●

Quiz
Mehr als 1500 ernste und heitere Fragen aus
allen Gebieten. (0129) Von R. Sautter und
W. Pröve, 92 S., 9 Zeichnungen, kart. ●

500 Rätsel selberraten
(0681) Von E. Krüger, 272 S., kart. ●

501 Rätsel selberraten
(0711) Von E. Krüger, 272 S., kart. ●

Riesen-Kreuzwort-Rätsel-Lexikon
über 250.000 Begriffe. (4197) Von H. Schie-
felbein, 1024 S., Pappband. ●●●

Das Super-Kreuzwort-Rätsel-Lexikon
Über 150.000 Begriffe. (4279) Von H. Schie-
felbein, 688 S., Pappband. ●●

Guten Tag, Kinder!
Neue Texte mit Spielanleitungen fürs
Kasperletheater. (0861) Von U. Lietz, 96 S.,
18 s/w-Zeichnungen, kart. ●

Kindergeburtstag
Vorbereitung, Spiel und Spaß. (0287) Von Dr.
I. Obrig, 136 S., 40 Abb., 11 Zeichnungen,
9 Lieder mit Noten, kart. ●

Kindergeburtstage die keiner vergißt
Planung, Gestaltung, Spielvorschläge.
(0698) Von G. und G. Zimmermann, 102 S.,
80 Vignetten, kart. ●

Kinderfeste
daheim und in Gruppen. (4033) Von
G. Blechner, 240 S., 320 Abb., kart. ●●

Scherzfragen, Drudel und Blödeleien
gesammelt von Kindern. (0506) Hrsg. von W.
Pröve, 112 S., 57 Zeichnungen, kart. ●

Humor und Unterhaltung

Heitere Vorträge und witzige Reden
Lachen, Witz und gute Laune. (0149) Von
E. Müller, 104 S., 44 Abb., kart. ●

Heitere Vorträge
(0528) Von E. Müller, 128 S., 14 Zeichnungen, kart. ●

Die große Lachparade
Neue Texte für heitere Vorträge und Ansa-
gen. (0188) Von E. Müller, 80 S., kart. ●

So feiert man Feste fröhlicher
Heitere Vorträge und Gedichte.
(0098) Von Dr. Allos, 96 S., 15 Abb., kart. ●

Lustige Vorträge für fröhliche Feiern
(0284) Von K. Lehnhoff, 96 S., kart. ●

Vergnügliches Vortragsbuch
(0091) Von J. Plaut, 192 S., kart. ●

Humor und Stimmung
Ein heiteres Vortragsbuch. (0460) Von
G. Wagner, 112 S., kart. ●

Humor und gute Laune
Ein heiteres Vortragsbuch. (0635) Von
G. Wagner, 112 S., 5 Zeichnungen, kart. ●

Gereimte Vorträge
für Bühne und Bütt. (0567) Von G. Wagner,
96 S., kart. ●

Damen in der Bütt
Scherze, Büttenreden, Sketche.
(0354) Von T. Müller, 136 S., kart. ●

Narren in der Bütt
Leckerbissen aus dem rheinischen Karneval.
(0216) Zusammengestellt von T. Lücker,
112 S., kart. ●

Rings um den Karneval
Karnevalsscherze und Büttenreden. (0130)
Von Dr. Allos, 144 S., 2 Zeichnungen, kart.
●●

Helau und Alaaf 1
Närrisches aus der Bütt. (0304) Von E. Müller, 112 S., 4 Zeichnungen,
kart. ●

Helau und Alaaf 2
Neue Büttenreden.
(0477) Von E. Luft, 104 S., kart. ●

Helau und Alaaf 3
Neue Reden für die Bütt. (0832) Von
H. Fauser, 144 S., 13 Zeichnungen, kart. ●

Wir feiern Karneval
Festgestaltung und Reden für die närrische
Zeit. (0904) Von M. Zweigler, 120 S., 4 Zeich-
nungen, kart. ●

Tolle Sketche
mit zündenden Pointen – zum Nachspielen.
(0656) Von E. Cohrs, 112 S., kart. ●

Vergnügliche Sketche
(0476) Von H. Pillau, 96 S., 7 Zeichnungen,
kart. ●

Fidele Sketche und heitere Vorträge
Humor zum Nachspielen. (0157) Von
H. Ehnle, 96 S., kart. ●

Vorhang auf!
Neue Sketche für jung und alt.
(0898) Von H. Pillau, 96 S., 22 Zeichnungen,
kart. ●

Sketche und spielbare Witze
für bunte Abende und andere Feste. (0445)
Von H. Friedrich, 120 S., 7 Zeichnungen, kart. ●

Sketche
Kurzspiele zu amüsanter Unterhaltung.
(0247) Von M. Gering, 132 S., 16 Abb., kart.,
●

Witzige Sketche zum Nachspielen
(0511) Von D. Hallervorden, 160 S., kart. ●●

Sketche und Blackouts zum Nachspielen
(0941) Von E. Cohrs, 112 S., 12 Zeichnungen,
kart. ●

Locker vom Hocker
Witzige Sketche zum Nachspielen.
(4262) Von W. Giller, 144 S., 41 Zeichnungen, Pappband. ●●

Phantasievolles Schminken
Verzauberte Gesichter für Maskeraden,
Laienspiel und Kinderfeste. (0907) Hrsg. von
Y. u. H. Nadolny, 64 S., 227 Farbfotos, kart.
●●

Die Kleidermotte ernährt sich von nichts, sie frißt nur Löcher
Stilblüten, Sprüche und Widersprüche aus
Schule, Zeitung, Rundfunk und Fernsehen.
(0738) Von P. Haas, D. Kroppach, 112 S.,
zahlreiche Abb. kart. ●

Da lacht das Publikum
Neue lustige Vorträge für viele Gelegenheiten. (0716) Von H. Schmalenbach, 104 S.,
kart. ●

Witzig, witzig
(0507) Von E. Müller, 128 S., 16 Zeichnungen, kart. ●

Die besten Witze und Cartoons des Jahres 1
(0454) Hrsg. von K. Hartmann, 288 S.,
125 Zeichnungen, geb. ●●

Die besten Witze und Cartoons des Jahres 4
(0579) Hrsg. von K. Hartmann, 288 S.,
140 Zeichnungen, Pappband. ●●

Die besten Witze und Cartoons des Jahres 5
(0642) Hrsg. von K. Hartmann, 288 S.,
88 Zeichnungen, Pappband. ●●

Die besten Witze und Cartoons des Jahres 6
(0916) Hrsg. von D. Kroppach, 288 S.,
84 Zeichnungen, Pappband. ●●

Das Superbuch der Witze
(4146) Von B. Bornheim, 504 S.,
54 Cartoons, Pappband. ●●

Witze
Lachen am laufenden Band (4241) Von
J. Burkert, D. Kroppach, 400 S., 41 Zeich-
nungen, Pappband. ●●

Heller Wahnwitz
(0887) Von D. Kroppach, 220 S., 200 Vignetten, kart. ●

Spaßvögel
Über sexhundert komische Nummern.
(0888) Von E. Zeller, mit Limericks von
W. Müller, 220 S., 200 Vignetten, kart. ●

Total bescheuert
Kinder- und Schülerwitze.
(0889) Von G. Geßner und E. Zeller, 220 S.,
200 Vignetten, kart. ●

Die besten Beamtenwitze
(0574) Hrsg. von W. Pröve, 112 S., 59 Cartoons, kart. ●

Die besten Kalauer
(0705) Von K. Frank, 112 S., 12 Zeichnungen,
kart. ●

Robert Lembkes Witzauslese
(0325) Von Robert Lembke, 160 S., 10 Zeichnungen von E. Köhler, Pappband. ●●

Fred Metzlers Witze mit Pfiff
(0368) Von F. Metzler, 112 S., kart. ●

O frivol ist mir am Abend
Pikante Verse von Fred Metzler. (0388) Von
F. Metzler, 128 S., mit Karikaturen, kart. ●

Herrenwitze
(0589) Von G. Wilhelm, 112 S., 31 Zeichnungen, kart. ●

Witze am laufenden Band
(0461) Von F. Asmussen, 118 S., kart. ●

Horror zum Totlachen
Gruselwitze
(0536) Von F. Lautenschläger, 96 S.,
44 Zeichnungen, kart. ●

Die besten Ostfriesenwitze
(0495) Hrsg. von O. Freese, 80 S., 15 Zeichnungen, kart. ●

Olympische Witze
Sportlerwitze in Wort und Bild.
(0505) Von W. Willnat, 112 S., 126 Zeichnungen, kart. ●

Ich lach mich kaputt! Die besten Kinderwitze
(0545) Von E. Hannemann, 128 S., 15 Zeichnungen, kart. ●

Lach mit!
Witze für Kinder, gesammelt von Kindern.
(0468) Hrsg. von W. Pröve, 96 S., 17 Zeichnungen, kart. ●

Die besten Kinderwitze
(0757) Von K. Rank, 112 S., 28 Zeichnungen, kart. ●

Lustige Sketche für Jungen und Mädchen
Kurze Theaterstücke für Jungen und Mädchen. (0669) Von U. Lietz und U. Lange, 104 S., kart. ●

Spielbare Witze für Kinder
(0824) Von H. Schmalenbach, 128 S., 30 Zeichnungen, kart. ●

Garten, Tiere, Umwelt

Garten heute
Der moderne Ratgeber · Über 1000 Farbbilder. (4283) Von H. Jantra, 384 S., über 1000 Farbabbildungen, Pappband. ●●●●

Das Gartenjahr
Arbeitsplan für den Hobbygärtner.
(4075) Von G. Bambach, 152 S., 16 Farbtafeln, 141 Abb., kart. ●●

Gärtner Gustavs Gartenkalender
Arbeitspläne · Pflanzenporträts · Gartenlexikon. (4155) Von G. Schoser, 120 S., 146 Farbfotos, 13 Tabellen, 203 farbige Zeichnungen, Pappband. ●●●

Der richtige Schnitt von Obst- und Ziergehölzen, Rosen und Hecken
(0619) Von E. Zettl, 88 S., 8 Farbtafeln, 39 Zeichnungen, 21 s/w-Fotos, kart. ●

Blumenpracht im Garten
(5014) Von I. Manz, 64 S., 93 Farbfotos, Pappband. ●●

Blütenpracht in Haus und Garten
(4145) Von M. Haberer, u. a., 352 S., 1012 Farbfotos, Pappband. ●●●●

Sag's mit Blumen
Pflege und Arrangieren von Schnittblumen (5103) Von P. Möhring, 64 S., 68 Farbfotos, 2 s/w-Abb., Pappband. ●●

Grabgestaltung
Bepflanzung und Pflege zu jeder Jahreszeit.
(5120) Von N. Uhl, 64 S., 77 Farbfotos, 2 Zeichnungen, Pappband. ●●

Wintergärten
Das Erlebnis, mit der Natur zu wohnen.
Planen, Bauen und Gestalten. (4256) Von LOG, ID, 136 S., 130 Farbfotos, 107 Zeichnungen, Pappband. ●●●●

Häuser in lebendigem Grün
Fassaden und Dächer mit Pflanzen gestalten.
(0846) Von U. Mehl, K. Werk, 88 S., 116 Farbfotos, 4 Farb- und 17 s/w-Zeichnungen, kart. ●●

Rund ums Jahr erfolgreich gärtnern
Gewächshäuser
planen · bauen · einrichten · nutzen.
(4408) Von Dr. G. Schoser, J. Wolff, 232 S., 315 Farbfotos, 5 s/w-Fotos, 53 Farbzeichnungen, Pappband. ●●●

Gartenteiche und Wasserspiele
planen, anlegen und pflegen. (4083) Von H. R. Sikora, 160 S., 31 Farb- und 31 s/w-Fotos, 73 Zeichnungen, Pappband. ●●●

Wasser im Garten
Von der Vogeltränke zum Naturteich –
Natürliche Lebensräume selbst gestalten.
(4230) Von H. Hendel, P. Keßeler, 240 S., 247 Farbfotos, 68 Farbzeichnungen, Pappband. ●●●●●

Mein kleiner Gartenteich
planen – anlegen – pflegen
(0851) Von I. Polaschek, 144 S., 85 Farbfotos, 10 Farbzeichnungen, kart. ●●

Leben im Naturgarten
Der Biogärtner und seine gesunde Umwelt.
(4124) Von N. Jorek, 128 S., 68 s/w-Fotos, kart. ●

So wird mein Garten zum Biogarten
Alles über die Umstellung auf naturgemäßen Anbau. (0706) Von I. Gabriel, 128 S., 73 Farbfotos, 54 Farbzeichnungen, kart. ●●

Gesunde Pflanzen im Biogarten
Biologische Maßnahmen bei Schädlingsbefall und Pflanzenkrankheiten. (0707) Von I. Gabriel, 128 S., 126 Farbfotos, 12 Farbzeichnungen, kart. ●●

Kosmische Einflüsse auf unsere Gartenpflanzen
Sterne beeinflussen Wachstum und Gesundheit der Pflanzen. (0708) Von I. Gabriel, 112 S., 57 Farbfotos, 43 Farbzeichnungen, kart. ●●

Der Biogarten unter Glas und Folie
Ganzjährig erfolgreich ernten. (0722) Von I. Gabriel, 128 S., 62 Farbfotos, 45 Farbzeichnungen, kart. ●●

Obst und Beeren im Biogarten
Gesunde und schmackhafte Früchte durch natürlichen Anbau. (0780)Von I. Gabriel, 128 S., 38 Farbfotos, 71 Farbzeichnungen, kart. ●●

Kräuter und Heilpflanzen im Biogarten
Gesunde Ernte durch natürlichen Anbau.
(0929) Von I. Gabriel, 128 S., 63 Farbfotos, 19 Farbzeichnungen, kart. ●●

Neuanlage eines Biogartens
Planung, Bodenvorbereitung, Gestaltung.
(0721) Von I. Gabriel, 128 S., 73 Farbfotos, 39 Zeichnungen, kart. ●●

Der biologische Zier- und Wohngarten
Planen, Vorbereiten, Bepflanzen und Pflegen.
(0748) Von I. Gabriel, 128 S., 72 Farbfotos, 46 Farbzeichnungen, kart. ●●

Gemüse im Biogarten
Gesunde Ernte durch naturgemäßen Anbau
(0830) Von I. Gabriel, 128 S., 26 Farbfotos, 86 Farbzeichnungen, kart. ●●

Erfolgreich gärtnern
durch naturgemäßen Anbau
(4252) Von I. Gabriel, 416 S., 176 Farbfotos, 212 Farbzeichnungen, Pappband. ●●●

Das Bio-Gartenjahr
Arbeitsplan für naturgemäßes Gärtnern.
(0746) Von N. Jorek, 128 S., 8 Farbtafeln, 70 s/w-Abb. kart. ●●

Selbstversorgung aus dem eigenen Anbau
Reichen Erntesegen verwerten und haltbar machen. (4182) Von M. Bustorf-Hirsch, M. Hirsch, 216 S., 270 Zeichnungen, Pappband. ●●●

Mischkultur im Nutzgarten
Mit Jahreskalender und Anbauplänen.
(0651) Von H. Oppel, 112 S., 8 Farbtafeln, 23 s/w- Fotos, 29 Zeichnungen, kart. ●

Erfolgreich gärtnern mit
Frühbeet und Folie
(0828) Von Dr. Gustav Schoser, 88 S., 8 Farbtafeln, 46 s/w-Fotos, kart. ●

Erfolgstips für den Gemüsegarten
Mit naturgemäßem Anbau zu höherem Ertrag. (0674) Von F. Mühl, 80 S., 30 s/w-Fotos, 4 Zeichnungen, kart. ●

Erfolgstips für den Obstgarten
Gesunde Früchte durch richtige Sortenwahl und Pflege. (0827) Von F. Mühl, 184 S., 16 Farbtafeln, 33 Zeichnungen, kart. ●●

Erfolgstips für den Zierkarten
Schmuckpflanzen und Rasen richtig pflegen.
(0930) Von F. Mühl, 156 S., 12 Farbtafeln, 26 s/w–Zeichnungen, kart. ●●

Gemüse, Kräuter, Obst aus dem Balkongarten – Erfolgreich ernten auf kleinstem Raum. (0694) Von S. Stein, 32 S., 34 Farbfotos, 6 Zeichnungen, Spiralbindung, kart. ●

Keime, Sprossen, Küchenkräuter
am Fenster ziehen – rund ums Jahr. (0658) Von F. und H. Jantzen, 32 S., 55 Farbfotos, Pappband. ●

Balkons in Blütenpracht
zu allen Jahreszeiten.
(5047) Von N. Uhl, 64 S., 80 Farbfotos, Pappband. ●●

Kletterpflanzen
Rankende Begrünung für Fassade, Balkon und Garten. (5140) Von M. Haberer, 64 S., 70 Farbabb., 2 Zeichnungen, Pappband. ●●

Mein Kräutergarten rund ums Jahr
Täglich schnittfrisch und gesund würzen.
(4192) Von Prof. Dr. G. Lysek, 136 S., 15 Farbtafeln, 91 Zeichnungen, kart. ●●

Blühende Zimmerpflanzen
94 Arten mit Pflegeanleitungen. (5010) Von R. Blaich, 64 S., 107 Farbfotos, Pappband. ●●

Prof. Stelzers grüne Sprechstunde
Gesunde Zimmerpflanzen
Krankheiten erkennen und behandeln · Mit neuem Diagnosesystem. (4274) Von Prof. Dr. G. Stelzer, 192 S., 410 Farbfotos, 10 s/w-Zeichnungen, Pappband. ●●●●

365 Erfolgstips für schöne Zimmerpflanzen
(0893) Von H. Jantra, 144 S., 215 Farbfotos, kart. ●●

Videokassette
Pflanzenjournal
Blumen- und Pflanzenpflege im Jahreslauf.
(6036) VHS, ca. 30 Min., in Farbe, ●●●●*

Blütenpracht in Grolit 2000
Der neue, mühelose Weg zu farbenprächtigen Zimmerpflanzen. (5127) Von G. Vocke, 64 S., 50 Farbfotos, Pappband. ●●

Ziergräser
Über 100 Arten erfolgreich kultivieren.
(0829) Von H. Jantra, 104 S., 73 Farbfotos, 6 Farbzeichnungen, kart. ●●

Bonsai
Japanische Miniaturbäume und Miniaturlandschaften. Anzucht, Gestaltung und Pflege. (4091) Von B. Lesniewicz, 160 S., 106 Farbfotos, 46 s/w-Fotos, 115 Zeichnungen, gebunden. ●●●●

Zimmerbäume, Palmen und andere Blattpflanzen
Standort, Pflege, Vermehrung, Schädlinge.
(5111) Von G. Schoser, 96 S., 98 Farbfotos, 7 Zeichnungen, Pappband. ●●

Biologisch zimmergärtnern
Zier- und Nutzpflanzen natürlich pflegen.
(4144) Von N. Jorek, 152 S., 15 Farbtafeln,
120 s/w-Fotos, Pappband. ●●

Zimmerpflanzen in Hydrokultur
Leitfaden für problemlose Blumenpflege.
(0660) Von H.-A. Rotter, 32 S., 76 Farbfotos,
8 farbige Zeichnungen, Pappband, ●

Kakteen und andere Sukkulenten
300 Arten mit über 500 Farbfotos. (4116)
Von G. Andersohn, 316 S., 520 Farbfotos,
193 Zeichnungen, Pappband. ●●●●

Fibel für Kakteenfreunde
(0199) Von H. Herold, 102 S., 23 Farbfotos,
37 s/w-Abb., kart. ●

Kakteen
Herkunft, Anzucht, Pflege, Arten. (5021) Von
W. Hoffmann, 64 S., 70 Farbfotos, Pappband.
●●

Faszinierende Formen und Farben
Kakteen
(4211) Von K. und F. Schild, 96 S., 127 Farbfotos, Pappband. ●●●

Falken-Handbuch **Orchideen**
Lebensraum, Kultur, Anzucht und Pflege.
(4231) Von G. Schoser, 144 S., 121 Farbfotos,
28 Farbzeichnungen, Pappband. ●●●

Vogelhäuschen, Nistkästen, Vogeltränken
mit Plänen und Anleitungen zum Selbstbau.
(0695) Von J. Zech 32 S., 42 Farbfotos,
6 Zeichnungen, Pappband. ●

Falken-Handbuch
Umweltschutz
Das Öko-Testbuch zur Eigeninitiative. (4160)
Von M. Häfner, 352 S., 411 Farbf., 152 Farb-
zeichnungen, Pappband. ●●●●

Pilze
erkennen und benennen. (0380) Von J. Rai-
thelhuber, 136 S., 110 Farbfotos, kart. ●●

Falken-Handbuch **Pilze**
Mit über 250 Farbfotos und Rezepten. (4061)
Von M. Knoop, 276 S., 250 Farbfotos,
Pappband. ●●●●

Speisepilze aus eingener Zucht
Anbau · Pflege · Zubereitung
(0909) Von U. Groos, 72 S., 8 Farbtafeln,
16 s/w-Zeichnungen, kart. ●

Grizimek Juniors **BUNTE TIERWELT**
(4295) Von Chr. Grizimek, 208 S., 308 Farbfotos, Pappband. ●●●

Falken-Handbuch **Katzen**
(4158) Von B. Gerber, 176 S., 294 Farb- und
88 s/w-Fotos, Pappband. ●●●●

Katzen
Rassen · Haltung · Pflege. (4216) Von
B. Eilert-Overbeck, 96 S., 82 Farbfotos, Papp-
band. ●●●

Das neue Katzenbuch
Rassen – Aufzucht – Pflege. (0427) Von
B. Eilert-Overbeck, 136 S., 14 Farbfotos,
26 s/w-Fotos, kart. ●

Katzenkrankheiten
Erkennung und Behandlung. Steuerung des
Sexualverhaltens. (0652) Von Dr. med. vet.
R. Spangenberg, 176 S., 64 s/w-Fotos,
4 Zeichnungen, kart. ●

Falken-Handbuch **Hunde**
(4118) Von H. Bielfeld, 176 S., 222 Farb-
und 73 s/w-Abb., Pappband. ●●●●

Hunde
Rassen · Erziehung · Haltung. (4209) Von
H. Bielfeld, 96 S., 101 Farbfotos, Pappband.
●●●

Das neue Hundebuch
Rassen · Aufzucht · Pflege. (0009) Von
W. Busack, überarbeitet von Dr. med. vet.
A. H. Hacker und H. Bielfeld, 112 S., 8 Farb-
tafeln, 27 s/w-Fotos, 6 Zeichnungen, kart. ●

Falken-Handbuch
Der Deutsche Schäferhund
(4077) Von U. Förster, 228 S., 160 Abb.,
Pappband. ●●●

Der Deutsche Schäferhund
Aufzucht, Pflege und Ausbildung. (0073) Von
A. Hackert, 96 S., 56 Abb., kart. ●

Dackel, Teckel, Dachshund
Aufzucht · Pflege · Ausbildung. (0508) Von
M. Wein-Gysae, 112 S., 4 Farbtafeln, 43 s/w-
Fotos, 2 Zeichnungen, kart. ●

Hundeausbildung
Verhalten – Gehorsam – Abrichtung. (0346)
Von Prof. Dr. R. Menzel, 96 S., 18 Fotos, kart.
●

Grundausbildung für Gebrauchshunde
Schäferhund, Boxer, Rottweiler, Dobermann,
Riesenschnauzer, Airedaleterrier, Hovawart
und Bouvier. (0801) Von M. Schmidt und
W. Koch, 104 S., 8 Farbtafeln, 51 s/w-Fotos,
5 s/w-Zeichnungen, kart. ●

Hundekrankheiten
Erkennung und Behandlung, Steuerung des
Sexualverhaltens. (0570) Von Dr. med. vet.
R. Spangenberg, 128 S., 68 s/w-Fotos,
10 Zeichnungen, kart. ●

Falken-Handbuch **Pferde**
(4186) Von H. Werner, 176 S., 196 Farb-und
50 s/w-Fotos, 100 Zeichnungen, Pappband.
●●●●

Wellensittiche
Arten · Haltung · Pflege · Sprechunterricht ·
Zucht. (5136) Von H. Bielfeld, 64 S., 59 Farb-
fotos, Pappband. ●

Papageien und Sittiche
Arten · Pflege · Sprechunterricht.
(0591) Von H. Bielfeld, 112 S., 8 Farbtafeln,
kart. ●

Geflügelhaltung als Hobby
(0749) Von M. Baumeister, H. Meyer, 184 S.,
8 Farbtafeln, 47 s/w-Fotos, 15 Zeichnungen,
kart. ●●

Das Süßwasser-Aquarium
Einrichtung · Pflege · Fische · Pflanzen.
(0153) Von H. J. Mayland, 152 S., 16 Farbtafeln, 43 s/w-Zeichnungen, kart. ●●

Falken-Handbuch
Süßwasser-Aquarium
(4191) Von H. J. Mayland, 288 S., 564 Farbfotos, 75 Zeichnungen, Pappband. ●●●●

DIE TIERSPRECHSTUNDE
Tiere im Wassergarten
(0808) Von Dr. med. vet. E. M. Bartenschlager, 96 S., 84 Farbfotos, 7 Zeichnungen,
kart. ●

DIE TIERSPRECHSTUNDE
Sittiche und kleine Papageien
(0864) Von Dr. med. vet. E. M. Bartenschlager, 88 S., 84 Farbfotos, 9 Zeichnungen,
kart. ●

DIE TIERSPRECHSTUNDE
Junge Katzen
(0862) Von Dr. med. vet. E. M. Bartenschlager, 72 S., 40 Farbfotos, 4 Farbzeichnungen,
kart. ●

DIE TIERSPRECHSTUNDE
Alles über Igel in Natur und Garten
(0810) Von Dr. med. vet. E. M. Bartenschlager, 68 S., 51 Farbfotos, kart. ●

DIE TIERSPRECHSTUNDE
Alles über Meerschweinchen
(0809) Von Dr. med. vet. E. M. Bartenschlager, 72 S., 43 Farbfotos, 11 Farbzeichnungen,
kart. ●

**DIE TIERSPRECHSTUNDE
Alles über junge Hunde**
(0863) Von Dr. med. vet. E. M. Bartenschlager, 64 S., 49 Farbfotos, 6 Zeichnungen,
kart. ●

DIE TIERSPRECHSTUNDE
Richtige Hundeernährung
(0811) Von Dr. med. vet. E. M. Bartenschlager,
80 S., 51 Farbfotos, 4 Farbzeichnungen, kart. ●

Dinosaurier
und andere Tiere der Urzeit. (4219) Von
G. Alschner, 96 S., 81 Farbzeichnungen,
4 Fotos, Pappband. ●●●

Mensch und Gesundheit

Die Frau als Hausärztin
Der unentbehrliche Ratgeber für die Gesundheit. (4072) Von Dr. med. A. Fischer-Dückel-
mann, 808 S., 14 Farbtafeln, 146 s/w-Fotos,
203 Zeichnungen, Pappband. ●●●

Dr. Reitners großes Gesundheitslexikon
Mit über 5000 Stichwörtern.
(4282) Von Dr. med. H.-J. Lewitzka-Reitner,
in Zusammenarbeit mit P. Janknecht und
U. Kannapinn, 504 S., 424 s/w-Abbildungen,
Pappband. ●●

Sexualberatung
(0402) Von Dr. M. Röhl, 168 S., 8 Farbtafeln,
17 Zeichnungen, Pappband. ●●

Die Kunst des Stillens
nach neuesten Erkenntnissen
(0701) Von Prof. med. E. Schmidt,
S. Brunn, 112 S., 20 Fotos und Zeichnungen,
kart. ●

Wenn Sie ein Kind bekommen
(4003) Von U. Klamroth, Dr. med. H. Oster,
240 S., 86 s/w-Fotos, 30 Zeichnungen, kart.
●●●

Der moderne Ratgeber
Wir werden Eltern
Schwangerschaft · Geburt · Erziehung des
Kleinkindes. (4269) Von B. Nees-Delaval,
376 S., 335 zweifarbige Abbildungen,
Pappband. ●●●●

Vorbereitung auf die Geburt
Schwangerschaftsgymnastik, Atmung, Rück-
bildungsgymnastik. (0251) Von S. Buchholz,
112 S., 98 s/w-Fotos, kart. ●

Wie soll es heißen?
(0211) Von D. Köhr, 136 S., kart. ●

Das Babybuch
Pflege · Ernährung · Entwicklung. (0531) Von
A. Burkert, 128 S., 16 Farbtafeln,
38 s/w-Fotos, 30 Zeichnungen, kart. ●●

Wenn der Mensch zum Vater wird
Ein heiter-besinnlicher Ratgeber. (4259) Von
D. Zimmer, 160 S., 20 Zeichnungen,
Pappband. ●●

Wenn Kinder krank werden
Medizinischer Ratgeber für Eltern.
(4240) Von Dr. med. I. J. Chasnoff, B. Nees-
Delaval, 232 S., 163 Zeichnungen, Pappband. ●●●

Die hier vorgestellten Bücher, Videokassetten und Software sind in folgende Preisgruppen unterteilt:

●   Preisgruppe bis   DM 10,–/S 79,–   ●●● Preisgruppe über DM 20,– bis DM 30,–   ●●●●   Preisgruppe über DM 30,– bis DM 50,–
●● Preisgruppe über DM 10,– bis DM 20,–   S 161,– bis S 240,–   S 241,– bis S 400,–
                S 80,– bis S 160,–   ●●●●● Preisgruppe über DM 50,–/S 401,–
                                                                           *(unverbindliche Preisempfehlung)

Die Preise entsprechen dem Status beim Druck dieses Verzeichnisses (s. Seite 1) – Änderungen, im besonderen der Preise, vorbehalten –

Psycho-Tests
– Erkennen Sich sich selbst. (0710) Von
B. M. Nash, R. B. Monchick, 304 S., 81 Zeichnungen, kart. ●●

FALKEN-SOFTWARE
Ego-Tests
Sich und andere besser erkennen und
verstehen. (7012) Diskette für IBM PC kompatible (MS DOS) mit Begleitheft. ●●●●●*

Frauenträume – Männerträume
und ihre Bedeutung. (4198) Von G. Senger,
272 S., mit Traumlexikon, Pappband. ●●●

Wie Sie im Schlaf das Leben meistern
Schöpferisch träumen
Der Klartraum als Lebenshilfe.
(4258) Von Prof. D. P. Tholey, K. Utecht.
256 S., 1 s/w-Foto, 20 Zeichnungen, Pappband. ●●●

So deutet man Träume
Die Bildersprache des Unbewußten. (0444)
Von G. Haddenbach, 160 S., Pappband. ●

Bildatlas des menschlichen Körpers
(4177) Von G. Pogliani, V. Vannini, 112 S.,
402 Farbabb. 28 s/w-Fotos, Pappband. ●●●

Ratgeber Aids
Entstehung, Ansteckung, Krankheitsbilder,
Heilungschancen, Schutzmaßnahmen.
(0803) Von B. Baartman, Vorwort von Dr.
med. H. Jäger, 112 S., 8 Farbtafeln,
4 Grafiken, kart. ●●

Enzyme
Vitalstoffe für die Gesundheit. (0677) Von
G. Leibold, 96 S., kart. ●

Heilfasten
(0713) Von G. Leibold, 108 S., kart. ●

Besser leben durch Fasten
(0841) Von G. Leibold, 100 S., kart. ●

Fastenkuren
Wege zur gesunden Lebensführung.
Rezepte und Tips für die Nachfastenzeit.
Kurzfasten · Saftfastenkuren · Fastenschalttage · Heilfasten. (4248) Von Ha. A. Mehler,
H. Keppler, 144 S., 16 s/w-Fotos, 9 Zeichnungen, Pappband. ●●●

Aus dem Schatz der Naturmedizin
Heilkräuterkuren
(4268) Von Dr. med. E. Rauch, Dr. rer. nat.
P. Kruletz, 144 S., 49 Zeichnungen, kart. ●●

Rheuma behandeln und lindern
Mit einem Vorwort von Dr. med. Max-Otto-
Bruker. (0836) Von G. Leibold, 100 S., kart. ●

Die echte Schroth-Kur
(0797) Von Dr. med. R. Schroth, 88 S.,
2 s/w-Fotos, kart. ●

Streß bewältigen durch Entspannung
(0834) Von Dr. med. Chr. Schenk, 88 S.,
29 Zeichnungen, kart. ●

Gesundheit und Spannkraft durch Yoga
(0321) Von L. Frank und U. Ebbers, 112 S.,
50 s/w-Fotos, kart. ●

Yoga für jeden
(0341) Von K. Zebroff, 156 S., 135 Abb.,
Spiralbindung, ●●●

Yoga für Schwangere
Der Weg zur sanften Geburt. (0777) Von
V. Bolesta-Hahn, 108 S., 76 zweifarbige Abb.
kart. ●

Yoga gegen Haltungsschäden und Rückenschmerzen
(0394) Von A. Raab, 104 S., 215 Abb., kart. ●

Bauch, Taille und Hüfte gezielt formen durch
Aktiv-Yoga
(0709) Von K. Zebroff, 112 S., 102 Farbfotos,
kart. ●●

Hypnose und Autosuggestion
Methoden – Heilwirkungen – praktische
Beispiele. (0483) Von G. Leibold, 120 S.,
9 Illustrationen, kart. ●

Kneippkuren zu Hause
(0779) Von G. Leibold, 112 S., 25 Zeichnungen, kart. ●

Krebsangst und Krebs behandeln
Mit einem Vorwort von Prof. Dr. med.
Friedrich Douwes. (0839) Von G. Leibold,
104 S., kart. ●

Allergien behandeln und lindern
Mit einem Vorwort von Prof. Dr. med. Axel
Stemmann. (0840) Von G. Leibold, 104 S.,
4 Zeichnungen, kart. ●

Besser sehen durch Augentraining
Ein Gesundheitsprogramm zur Verbesserung
des Sehvermögens. (0914) Von K. Schutt, B.
Rumpler, 96 S., 32 s/w-Zeichnungen, kart. ●

Darmleiden
Krankheitsbilder, Behandlung, Selbstbehandlung, Richtige Lebensführung und
Ernährung. (0798) Von Dr. med. K. Steffens,
112 S., 46 Zeichnungen, kart. ●

Massage
(0750) Von B. Rumpler, K. Schutt, 112 S.,
116 zweifarbige Zeichnungen, kart. ●●

Fußmassage
Reflexzonentherapie am Fuß (0714) Von G.
Leibold, 96 S., 38 Zeichnungen, kart. ●

Rheuma und Gicht
Krankheitsbilder, Behandlung, Therapieverfahren, Selbstbehandlung, Richtige
Lebensführung und Ernährung. (0712) Von
Dr. J. Höder, J. Bandick, 104 S., kart. ●

Diabetes
Krankheitsbild, Therapie, Kontrollen,
Schwangerschaft, Sport, Urlaub, Alltagsprobleme, Neueste Erkenntnisse der
Diabetesforschung. (0895) Von Dr. med.
H. J. Krönke, 120 S., 4 Farbtafeln, 14 s/w-
Fotos, 13 s/w-Zeichnungen, kart. ●

Krampfadern
Ursachen, Vorbeugung, Selbstbehandlung,
Therapieverfahren. (0727) Von Dr. med.
K. Steffens, 96 S., 38 Abb., kart. ●

Gallenleiden
Krankheitsbilder, Behandlung, Therapieverfahren, Selbstbehandlung, Richtige
Lebensführung und Ernährung. (0673) Von
Dr. med. K. Steffens, 104 S., 34 Zeichnungen, kart. ●

Asthma
Pseudokrupp, Bronchitis und Lungenemphysem. (0778) Von Prof. Dr. med. W. Schmidt,
120 S., 56 Zeichnungen, kart. ●

Autogenes Training
Anwendung · Heilwirkungen · Methoden.
(0541) Von R. Faller, 128 S., 3 Zeichnungen,
kart. ●

Die fernöstliche Fingerdrucktherapie
Shiatsu
Anleitungen zur Selbsthilfe – Heilwirkungen.
(0615) Von G. Leibold, 196 S., 180 Abb., kart.
●●

Eigenbehandlung durch Akupressur
Heilwirkungen – Energielehre · Meridiane.
(0417) Von G. Leibold, 152 S., 78 Abb., kart. ●

Chinesische Naturheilverfahren
Selbstbehandlung mit bewährten Methoden
der physikalischen Therapie. Atemtherapie ·
Heilgymnastik · Selbstmassage · Vorbeugen ·
Behandeln · Entspannen. (4247) Von
F. T. Lie, 160 S., 292 zweifarbige Zeichnungen, Pappband. ●●●

Massagetechniken und Heilanzeigen
Reflexzonentherapie
(4404) Von G. Leibold, 128 S., 53 Farbzeichnungen, Pappband. ●●●

Chinesisches Schattenboxen
Tai-Ji-Quan
für geistige und körperliche Harmonie.
(0850) Von F. T. Lie, 120 S., 221 s/w-Fotos,
9 s/w-Zeichnungen, Beilage: 1 s/w-Poster mit
zahlreichen Abbildungen, kart. ●●

Gesundheit durch altbewährte Kräuterrezepte und Hausmittel aus der
Natur-Apotheke
(4156) Von G. Leibold, 236 S., 8 Farbtafeln,
100 Zeichnungen, kart., ●●

Heiltees und Kräuter für die Gesundheit
(4123) Von G. Leibold, 136 S., 15 Farbtafeln,
16 Zeichnungen, kart. ●●

Falken-Handbuch **Heilkräuter**
Modernes Lexikon der Pflanzen und Anwendungen (4076) Von G. Leibold, 392 S.,
183 Farbfotos, 22 Zeichnungen, geb. ●●●●

Kochen für Diabetiker
Gesund und schmackhaft für die ganze
Familie. (4132) Von M. Toeller, W. Schumacher, A. C. Groote, 224 S., 109 Farbfotos,
94 Zeichnungen, Pappband. ●●●

Neue Rezepte für Diabetiker-Diät
Vollwertig – abwechslungsreich - kalorienarm. (0418) Von M. Oehlrich, 120 S., 8 Farbtafeln, kart. ●

Diät bei Krankheiten des Magens und Zwölffingerdarms
Rezeptteil von B. Zöllner. (3201) Von Prof. Dr.
med. H. Kaess, 96 S., 35 Farbfotos,
1 s/w-Zeichnung, kart. ●●

Diät bei Herzkrankheiten und Bluthochdruck
Salzarme (natriumarme) Kost, Rezeptteil von
B. Zöllner. (3202) Von Prof. Dr. med.
H. Rottka, 92 S., 4 Farbtafeln, kart. ●●

Diät bei Erkrankungen der Nieren, Harnwege und bei Dialysebehandlung
Rezeptteil von B. Zöllner. (3203) Von Prof. Dr.
med. Dr. h. c. H. J. Sarre und Prof. Dr. med.
R. Kluthe, 96 S., 33 Farbfotos, 1 s/w-Zeichnung, kart. ●●

Richtige Ernährung wenn man älter wird
Rezeptteil von B. Zöllner. (3204) Von Prof.
med. H.-J. Pusch. 96 S., 36 Farbfotos und
3 s/w-Zeichnungen, kart. ●●

Diät bei Gicht und Harnsäuresteinen
Rezeptteil von B. Zöllner. (3205) Von Prof.
med. N. Zöllner, 80 S., 4 Farbtafeln, kart. ●●

Diät bei Zuckerkrankheit
Rezeptteil von B. Zöllner. (3206) Von Prof. Dr.
med. P. Dieterle, 112 S., 42 Farbfotos, 4 vierfarbige Vignetten, 1 s/w-Zeichnung, kart. ●●

Diät bei Krankheiten der Gallenblase, Leber und Bauchspeicheldrüse
Rezeptteil von B. Zöllner. (3207) Von Prof. Dr.
med. H. Kasper, 88 S., 4 Farbtafeln, kart. ●●

Diät bei Störungen des Fettstoffwechsels und zur Vorbeugung der Arteriosklerose
Rezeptteil von B. Zöllner. (3208) Von Prof. Dr.
med. G. Wolfram und Dr. med. O. Adam,
104 S., 4 Farbtafeln, kart. ●●

Diät bei Übergewicht
Rezeptteil von B. Zöllner. (3209) Von Prof. Dr.
med. Ch. Keller, 104 S., 42 Farbfotos,
3 s/w-Zeichnungen, kart. ●●

Die hier vorgestellten Bücher, Videokassetten und Software sind in folgende Preisgruppen unterteilt:

● Preisgruppe bis DM 10,–/S 79,–
●● Preisgruppe über DM 10,– bis DM 20,–
S 80,– bis S 160,–

●●● Preisgruppe über DM 20,– bis DM 30,–
S 161,– bis S 240,–

●●●● Preisgruppe über DM 30,– bis DM 50,–
S 241,– bis S 400,–

●●●●● Preisgruppe über DM 50,–/S 401,–
*(unverbindliche Preisempfehlung)

Die Preise entsprechen dem Status beim Druck dieses Verzeichnisses (s. Seite 1) – Änderungen, im besonderen der Preise, vorbehalten –

Diät bei Darmkrankheiten
Durchfall – Divertikulose, Reizdarm und
Darmträgheit – einheimische Sprue (Zöliakie) – Disaccharidasemangel – Dünndarmresektion – Dumping Syndrom. Rezeptteil von
B. Zöllner. (3211) Von Prof. Dr. med. G. Strohmeyer, 88 S., 4 Farbtafeln, kart. ●●

Ballaststoffreiche Kost bei Funktionsstörungen des Darms
Rezeptteil von B. Zöllner. (3212) Von Prof. Dr.
med. H. Kasper, 96 S., 34 Farbfotos, 1 s/w-
Foto, kart. ●●

Rat und Wissen

Der gute Ton
Ein moderner Knigge. (0063) Von I. Wolter,
168 S., 38 Zeichnungen, 53 s/w-Fotos, kart.
●

Haushaltstips von A bis Z
(0759) Von A. Eder, 80 S., 30 Zeichnungen,
kart. ●

**Familienforschung · Ahnentafel ·
Wappenkunde**
Wege zur eigenen Familienchronik.
(0744) Von P. Bahn, 128 S., 8 Farbtafeln,
30 Abbildungen, kart. ●●

Die Kunst der freien Rede
Ein Intensivkurs mit vielen Übungen,
Beispielen und Lösungen. (4189) Von
G. Hirsch, 232 S., 11 Zeichnungen,
Pappband. ●●●

**Reden zur Taufe, Kommunion
und Konfirmation**
(0751) Von G. Georg, 96 S., kart. ●

Der richtige Brief zu jedem Anlaß
Das moderne Handbuch mit 400 Musterbriefen. (4179) Von H. Kirst, 376 S.,
Pappband. ●●●

Wir heiraten
Ratgeber zur Vorbereitung und Festgestaltung der Verlobung und Hochzeit. (4188) Von
C. Poensgen, 216 S., 8 Farbtafeln, 30 s/w-
Zeichnungen, 8 Farbtafeln, Pappband. ●●●

Wir feiern Hochzeit
Festgestaltung – phantasievoll und modern.
(0943) Von H. J. Winkler, 120 S., kart. ●

Von der Verlobung zur Goldenen Hochzeit
(0393) Von E. Ruge, 120 S., kart. ●

Reden zur Hochzeit
Musteransprachen für Hochzeitstage.
(0654) Von G. Georg, 96 S., kart. ●

**Glückwünsche, Toasts und Festreden zur
Hochzeit.**
(0264) Von I. Wolter, 128 S., 18 Zeichnungen,
kart. ●

Hochzeits- und Bierzeitungen
Muster, Tips und Anregungen. (0288) Von
H.-J. Winkler, mit vielen Text- und Gestaltungsanregungen, 116 S., 15 Abb., 1 Musterzeitung, kart. ●

**Kindergedichte für Grünen, Silbernen
und Goldenen Hochzeit**
(0318) Von H.-J. Winkler, 104 S., 20 Abb.,
kart. ●

Kindergedichte für Familienfeste
(0860) Von B. H. Bull, 96 S., 20 Zeichnungen, kart. ●

Die Silberhochzeit
Vorbereitung · Einladung · Geschenkvorschläge · Dekoration · Festablauf · Menüs ·
Reden · Glückwünsche. (0542) Von
K. F. Merkle, 120 S., 41 Zeichnungen, kart. ●

Großes Buch der Glückwünsche
(0255) Hrsg. von O. Fuhrmann, 176 S.,
77 Zeichnungen und viele Gestaltungsvorschläge, kart. ●

Herzliche Glückwünsche!
Die schönsten Gedichte und Texte für viele
Gelegenheiten. (0942) Hrsg. von B. H. Bull,
256 S., 50 Zeichnungen, Pappband. ●

Neue Glückwunschfibel
für Groß und Klein. (0156) Von R. Christian-
Hildebrandt, 96 S., kart. ●

Glückwunschverse für Kinder
(0277) Von B. Ulrici, 80 S., kart. ●

Die Redekunst
Rhetorik · Rednererfolg (0076) Von K. Wolter,
überarbeitet von Dr. W. Tappe, 80 S., kart. ●

Reden und Ansprachen
für jeden Anlaß. (4009) Hrsg. von F. Sicker,
454 S., gebunden. ●●●●

Reden zum Jubiläum
Musteransprachen für viele Gelegenheiten
(0595) Von G. Georg, 112 S., kart. ●

Reden zum Ruhestand
Musteransprachen zum Abschluß des Berufslebens (0790) Von G. Georg, 104 S., kart. ●

Reden und Sprüche zu Grundsteinlegung, Richtfest und Einzug
(0598) Von A. Bruder, G. Georg, 96 S., kart. ●

Reden zu Familienfesten
Musteransprachen für viele Gelegenheiten.
(0675) Von G. Georg, 112 S., kart. ●

Reden zum Geburtstag
Musteransprachen für familiäre und offizielle
Anlässe. (0773) Von G. Georg, 104 S., kart. ●

Festreden und Vereinsreden
Ansprachen für festliche Gelegenheiten.
(0069) Von K. Lehnhoff, E. Ruge, 88 S., kart. ●

Reden im Verein
Musteransprachen für viele Gelegenheiten.
(0703) Von G. Georg, 112 S., kart., ●

Programm und Publikum
Der ständige Versuch einer Annäherung.
Beiträge und Reden über das öffentlichrechtliche Fernsehen (0874) Von A. Schardt,
167 S., kart. ●●

Trinksprüche
Fest- und Damenreden in Reimen. (0791)
Von L. Metzner, 88 S., 14 s/w-Zeichnungen,
kart. ●

**Trinksprüche, Richtsprüche,
Gästebuchverse**
(0224) Von D. Kellermann, 80 S., kart. ●

ins Gästebuch geschrieben
(0576) Von K. H. Trabeck, 96 S., 24 Zeichnungen, kart. ●

Poesiealbumverse
Heiteres und Besinnliches. (0578) Von
A. Göttling, 112 S., 20 Zeichnungen,
Pappband. ●●

Verse fürs Poesiealbum
(0241) Von I. Wolter, 96 S., 20 Abb., kart. ●

Rosen, Tulpen, Nelken . . .
Beliebte Verse fürs Poesiealbum
(0431) Von W. Pröve, 96 S., 11 Faksimile-
Abb., kart. ●

Der Verseschmied
Kleiner Leitfaden für Hobbydichter. Mit
Reimlexikon. (0597) Von T. Parisius, 96 S.,
28 Zeichnungen, kart. ●

Moderne Korrespondenz
Handbuch für erfolgreiche Briefe.
(4014) Von H. Kirst und W. Manekeller,
544 S., Pappband. ●●●●

Der neue Briefsteller
Musterbriefe für alle Gelegenheiten. (0060)
Von I. Wolter-Rosendorf, 112 S., kart. ●

Geschäftliche Briefe
des Privatmanns, Handwerkers, Kaufmanns.
(0041) Von A. Römer, 120 S., kart. ●

Behördenkorrespondenz
Musterbriefe ¬ Anträge – Einsprüche. (0412)
Von E. Ruge, 120 S., kart. ●

Musterbriefe
für alle Gelegenheiten. (0231) Hrsg. von
O. Fuhrmann, 240 S., kart. ●

Privatbriefe
Muster für alle Gelegenheiten. (0114) Von
I. Wolter-Rosendorf, 132 S., kart. ●

Briefe zu Geburt und Taufe
Glückwünsche und Danksagungen. (0802)
Von H. Beitz, 96 S., 12 Zeichnungen, kart. ●

Briefe zum Geburtstag
Glückwünsche und Danksagungen
(0822) Von H. Beitz, 104 S., 22 Zeichnungen,
kart. ●

Briefe zur Hochzeit
Glückwünsche und Danksagungen
(0852) Von R. Röngen, 96 S., 1 Zeichnung,
39 Vignetten, kart. ●

Briefe der Liebe
Anregungen für gefühlvolle und zärtliche
Worte. (0903) Hrsg. von H. Beitz, 96 S.,
4 Zeichnungen, kart. ●

Erfolgstips für den Schriftverkehr
Briefwechsel leicht gemacht durch einfachen
Stil und klaren Ausdruck (0678) Von
U. Schoenwald, 120 S., kart. ●

Worte und Briefe der Anteilnahme
(0464) Von E. Ruge, 128 S., mit vielen Abb.,
kart. ●

Reden in Trauerfällen
Musteransprachen für Beerdigungen und
Trauerfeiern (0736) Von G. Georg, 104 S.,
kart. ●

In Anerkennung Ihrer . . .
**Lob und Würdigung in Briefen
und Reden**
(0535) Von H. Friedrich, 136 S., kart. ●

Das große farbige Kinderlexikon
(4195) Von U. Kopp, 320 S., 493 Farbabb.,
17 s/w-Fotos, Pappband. ●●●

ZDF · ORF · DRS
Kompaß Jugend-Lexikon
(4096) Von R. Wolter, J. Blum, 336 S.,
766 Farbfotos, 39 s/w-Abb., Pappband.
●●●●

Elternsache Grundschule
(0692) Hrsg. von K. Meynersen, 324 S., kart.
●

Vom Urkrümel zum Atompilz
Evolution – Ursache und Ausweg aus der
Krise. (4181) Von J. Voigt, 188 S., 20 Farb-
und 70 s/w-Fotos, 32 Zeichnungen, kart. ●●

Neues Denken – alte Geister
New Age unter der Lupe.
(4278) Von G. Myrell, Dr. W. Schmandt,
J. Voigt, 176 S., 54 Farbfotos, 3 Zeichnungen,
kart. ●●

Die hier vorgestellten Bücher, Videokassetten und Software sind in folgende Preisgruppen unterteilt:

● Preisgruppe bis DM 10,– / S 79,–   ●●● Preisgruppe über DM 20,– bis DM 30,–   ●●●● Preisgruppe über DM 30,– bis DM 50,–
●● Preisgruppe über DM 10,– bis DM 20,–   S 161,– bis S 240,–   S 241,– bis S 400,–
                    S 80,– bis S 160,–   ●●●●● Preisgruppe über DM 50,–/S 401,–
                                                                                                      *(unverbindliche Preisempfehlung)

Die Preise entsprechen dem Status beim Druck dieses Verzeichnisses (s. Seite 1) – Änderungen, im besonderen der Preise, vorbehalten –

Schülerlexikon der Mathematik
Formeln, Übungen und Begriffserklärungen für die Klassen 5–10. (0430) Von R. Müller, 176 S., 96 Zeichnungen, kart. ●

Mathematik verständlich
Zahlenbereiche Mengenlehre, Algebra, Geometrie, Wahrscheinlichkeitsrechnung, Kaufmännisches Rechnen. (4135) Von R. Müller, 652 S., 10 s/w- und 109 Farbbilds, 802 farbige und 79 s/w-Zeichnungen, über 2500 Beispiele und Übungen mit Lösungen, Pappband. ●●●●●

Mathematische Formeln für Schule und Beruf
Mit Beispielen und Erklärungen. (0499) Von R. Müller, 156 S., 210 Zeichnungen, kart. ●

Rechnen aufgefrischt
für Schule und Beruf. (0100) Von H. Rausch, 144 S., kart. ●

Physik verständlich
Förderkurs für die Klassen 7 bis 10 (0926) Von Dr. Th. Neubert, 136 S., 146 s/w-Zeichnungen, 166 Aufgaben, kart. ●●

Mehr Erfolg in Schule und Beruf
Besseres Deutsch
Mit Übungen und Beispielen für Rechtschreibung, Diktate, Zeichensetzung, Aufsätze, Grammatik, Literaturbetrachtung, Stil, Briefe, Fremdwörter, Reden. (4115) Von K. Schreiner, 444 S., 7 s/w-Fotos, 27 Zeichnungen, Papp-band. ●●

Richtiges Deutsch
Rechtschreibung · Zeichensetzung · Grammatik · Stilkunde. (0551) Von K. Schreiner, 128 S., 7 Zeichnungen, kart. ●

Diktate besser schreiben
Übungen zur Rechtschreibung für die Klassen 4–8. (0469) Von K. Schreiner, 152 S., 31 Zeichnungen, kart. ●

Aufsätze besser schreiben
Förderkurs für die Klassen 4–10. (0429) Von K. Schreiner, 144 S., 4 s/w-Fotos, 27 Zeichnungen, kart. ●

Deutsche Grammatik
Ein Lern- und Übungsbuch. (0704) Von K. Schreiner, 112 S., kart. ●

Mehr Erfolg in der Schule
Deutsche Rechtschreibung und Grammatik
Übungen und Beispiele für die Klassen 5–10. (4407) Von K. Schreiner, 256 S., durchgehend zweifarbig, Pappband. ●●●

Mehr Erfolg in der Schule
Der Deutschaufsatz
Übungen und Beispiele für die Klassen 5–10. (4271) Von K. Schreiner, 240 S., 4 s/w-Fotos, 51 Zeichnungen, Pappband. ●●●

Richtige Zeichensetzung
durch neue, vereinfachte Regeln. Erläuterungen der Zweifelsfragen anhand vieler Beispiele. (0774) Von Prof. Dr. Ch. Stetter, 160 S., kart. ●

Richtige Groß- und Kleinschreibung
durch neue, vereinfachte Regeln. Erläuterungen der Zweifelsfragen anhand vieler Beispiele. (0897) Von Prof. Dr. Ch. Stetter, 96 S., kart. ●

Besseres Englisch
Grammatik und Übungen für die Klassen 5 bis 10. (0745) Von E. Henrichs, 144 S., ●●

The Grammar Master
Englische Grammatik üben und beherrschen. (7002) Diskette für den C 64/C 128 (im 64er Modus) ●●●●*

Vokabeltrainer Englisch
Von B. Hoppius. (7001) Wendediskette für C 64/C 128 PC, mit Begleitheft. ●●●●*
(7007) Wendediskette für Atari ST 520/1040, mit Begleitheft. ●●●●●*

Take a Trip to Britain
(7004) Von reLine, Diskette für C 64/C 128 PC, mit Begleitheft. ●●●●*

Schnell und sicher zum Führerschein
Tips und Tricks aus 30jähriger-Fahrschul-Praxis. (0921) Von O. Einert, 152 S., 156 Farb-fotos, 161 z. T. farb. Zeichnungen, kart. ●●

Maschinenschreiben für Kinder
(0274) Von H. Kaus, 48 S., farbige Abb., kart. ●

So lernt man leicht und schnell
Maschinenschreiben
Lehrbuch für Schulen, Lehrgänge und Selbstunterricht. (0568) Von M. Kempkes, 112 S., 31 s/w- Fotos, 36 Zeichnungen, kart. ●●

Maschinenschreiben durch Selbstunterricht
(0170) Von A. Fonfara, 84 S., kart. ●

Maschinenschreiben
In 10 Tagen spielend gelernt. Von Unterrichtsmedien Hoppius. (7008) Diskette für den C 64 und C 128 PC ●●●●*
(7009) für IBM PC + kompatible, ●●●●●*
(7010) für Schneider CPC 464, 664, 6128, ●●●●*

Stenografie leicht gelernt
im Kursus oder Selbstunterricht. (0266) Von H. Kaus, 64 S., kart. ●

Buchführung
leicht gefaßt. Ein Leitfaden für Handwerker und Gewerbetreibende. (0127) Von R. Pohl. 104 S., kart. ●

Buchführung leicht gemacht
Ein methodischer Grundkurs für den Selbstunterricht. (4238) Von D. Machenheimer, R. Kersten, 252 S., Pappband. ●●●

Erfolgreiche Kaufmannspraxis
Wirtschaftliche Grundlagen, Geld, Kreditwesen, Steuern, Betriebsführung, Recht, EDV. (4046) Von W. Göhler, H. Gölz, M. Heibel, Dr. D. Machenheimer, 544 S., gebunden. ●●●●

Familienrecht
Ehe – Scheidung – Unterhalt. (4190) Von T. Drewes, R. Hollender, 368 S., Pappband. ●●●

Scheidung und Unterhalt
nach dem neuen Eherecht. Mit den Unterhaltsänderungsgesetz 1986. (0403) Von T. Drewes, 112 S., mit Kosten und Unterhaltstabellen, kart. ●

Erziehungsgeld, Mutterschutz, Erziehungsurlaub
Alles über das neue Recht für Eltern. Mit den Gesetzestexten. (0835) Von J. Grönert, 144 S., kart. ●●

Endlich 18 und nun?
Rechte und Pflichten mit der Volljährigkeit. (0646) Von R. Rathgeber, 224 S., 27 Zeichnungen, kart. ●

Was heißt hier minderjährig?
(0765) Von R. Rathgeber, C. Rummel, 148 S., 50 Fotos, 25 Zeichnungen, kart. ●●

Erbrecht und Testament
Mit Erläuterungen des Erbschaftssteuergesetzes von 1974. (0046) Von Dr. jur. H. Wandrey, 124 S., kart. ●

Testament und Erbschaft
Erbfolge, Rechte und Pflichten der Erben, Erbschafts- und Schenkungssteuer, Mustertestamente. (4139) Von T. Drewes, R. Hollender, 304 S., Pappband. ●●●

Mein letzter Wille
Ratgeber für Erblasser, Erben und Hinterbliebene. (0939) Von T. Drewes, 136 S., 9 s/w-Zeichnungen, kart. ●●

Präzise Ratschläge für
Ihre optimale Rente
Vorbereitung · Berechnungsgrundlagen · Gesetzesänderungen · Individuelle Rechenbeispiele. (0806) Von H. Möcks, 96 S., 24 Formulare, 1 Graphik, kart. ●

Mietrecht
Leitfaden für Mieter und Vermieter. (0479) Von J. Beuthner, 196 S., kart. ●●

Wege zum Börsenerfolg
Aktien · Anleihen · Optionen (4275) Von H. Krause, 252 S., 4 s/w-Fotos, 86 Zeichnungen, Pappband. ●●●

So werde ich erfolgreich
Ratschläge und Tips für Beruf und Privatleben. (0918) Von H. Hans, 104 S., kart. ●●

99 Alternativen für Umsteiger
Mehr Freude am Leben mit dem richtigen Beruf. (4251) Von D. Maxeiner, P. Birkenmeier, 192 S., 143 Fotos, 46 Zeichnungen, kart. ●●●

Lebenslauf und Bewerbung
Beispiele für Inhalt, Form und Aufbau. (0428) Von H. Friedrich, 112 S. kart. ●

Erfolgreiche Bewerbungsbriefe und Bewerbungsformen
(0138) Von M. Manekeller, 88 S., kart. ●

Die erfolgreiche Bewerbung
Bewerbung und Vorstellung. (0173) Von W. Manekeller, 156 S., kart. ●

Die Bewerbung
Der moderne Ratgeber für Bewerbungsbriefe, Lebenslauf und Vorstellungsgespräche. (4138) Von W. Manekeller, 264 S., Pappband. ●●●

Erfolgreiche Bewerbung um einen Ausbildungsplatz
(0715) Von H. Friedrich, 136 S., kart. ●

Die ersten Tage am neuen Arbeitsplatz
Ratschläge für den richtigen Umgang mit Kollegen und Vorgesetzten (0855) Von H. Friedrich, 104 S., kart. ●

Zeugnisse im Beruf
richtig schreiben, richtig verstehen. (0544) Von H. Friedrich, 112 S., kart. ●

Vorstellungsgespräche
sicher und erfolgreich führen. (0636) Von H. Friedrich, 144 S., kart. ●

Keine Angst vor Einstellungstests
Ein Ratgeber für Bewerber. (0793) Von Ch. Titze. 120 S., 67 Zeichnungen, kart. ●

Esoterik

Bauernregeln, Bauernweisheiten, Bauernsprüche
(4243) Von G. Haddenbach, 192 S., 62 Farbabb. 9 s/w-Zeichnungen, 144 s/w-Zeichnungen, Pappband. ●●●

Gesund durch Gedankenenergie
Heilung im gemeinsamen Kraftfeld (6035) VHS, 45 Min., in Farbe ●●●●●*

Die hier vorgestellten Bücher, Videokassetten und Software sind in folgende Preisgruppen unterteilt:

●   Preisgruppe bis   DM 10,–/S 79,–
●● Preisgruppe über DM 10,– bis DM 20,–
                  S 80,– bis S 160,–

●●● Preisgruppe über DM 20,– bis DM 30,–
                     S 161,– bis S 240,–

●●●● Preisgruppe über DM 30,– bis DM 50,–
                      S 241,– bis S 400,–
●●●●● Preisgruppe über DM 50,–/S 401,–
*(unverbindliche Preisempfehlung)

Die Preise entsprechen dem Status beim Druck dieses Verzeichnisses (s. Seite 1) – Änderungen, im besonderen der Preise, vorbehalten –

Die Magie der Zahlen
So nutzen Sie die Geheimnisse der Numerologie für Ihr persönliches Glück mit dem völlig neuen Planetennumeroskop
(4242) Von B. A. Mertz, 224 S., 36 Abbildungen, Pappband. ●●●

I Ging der Liebe
Das altchinesische Orakel für Partnerschaft und Ehe. (4244) Von G. Damian-Knight, 320 S., 64 s/w-Zeichnungen, Pappband. ●●●

Die neue Lebenshilfe **Biorhythmik**
Höhen und Tiefen der persönlichen Lebenskurven vorausberecnen und danach handeln. (0458) Von W. A. Appel, 157 S., 63 Zeichnungen, Pappband. ●●

Die neue Erkenntnisse zum Biorhythmus
Individuelle Rhythmogramme für Berufserfolg und Gesundheit, Partnerschaft und Freizeit, Beilage: Tagesformplaner.
(4276) Von H. Bott, 144 S., 35 s/w-Zeichnungen, Pappband. ●●●

Falken-Handbuch **Kartenlegen**
Wahrsagen mit Tarot-, Skat-, Lenormand- und Zigeunerblättern.
(4226) Von B. A. Mertz, 288 S., 38 Farb- und 108 s/w-Abb. Pappband. ●●●●

Wahrsagen mit Tarot-Karten
(0482) Von E. J. Nigg, 112 S., 4 Farbtafeln, 52 s/w-Abb., Pappband. ●●

Selbst Wahrsagen mit Karten
Die Zukunft in Liebe, Beruf und Finanzen.
(0404) Von R. Koch, 112 S., 252 Abb., Pappband. ●●

Weissagen, Hellsehen, Kartenlegen ...
Wie jeder die geheimen Kräfte ergründen und für sich nutzen kann. (4153) Von G. Haddenbach, 192 S., 40 Zeichnungen, Pappband. ●●

Erkennen Sie Psyche und Charakter durch **Handdeutung**
(4176) Von B. A. Mertz, 252 S., 9 s/w-Fotos, 160 Zeichnungen, Pappband. ●●●●

Falken-Handbuch **Astrologie**
Charakterkunde · Schicksal · Liebe und Beruf · Berechnung und Deutung von Horoskopen · Aszendenttabelle. (4068) Von B. A. Mertz, 342 S., mit 60 erläuternden Grafiken, Pappband. ●●●

Die Familie im Horoskop
Glück und Harmonie gemeinsam erleben – Probleme und Gegensätze verstehen und tolerieren. (4161) Von B. A. Mertz, 296 S., 40 Zeichnungen, Pappband. ●●●

Aztekenhoroskop
Deutung von Liebe und Schicksal nach dem Aztekenkalender. (0543) Von C.-M. und R. Kerler, 160 S., 20 Zeichnungen, Pappband. ●

Was sagt uns das Horoskop?
Praktische Einführung in die Astrologie.
(0655) Von B. A. Mertz, 176 S., 25 Zeichnungen, kart. ●

Das Super-Horoskop
Der neue Weg zur Deutung von Charaker, Liebe und Schicksal nach chinesischer und abendländischer Astrologie. (0465) Von G. Haddenbach, 175 S., kart. ●

Liebeshoroskop für die 12 Sternzeichen
Alles über Chancen, Beziehungen, Erotik, Zärtlichkeit, Leidenschaft. (0587) Von G. Haddenbach, 144 S., 11 Zeichnungen, kart. ●

Die 12 Sternzeichen
Charakter, Liebe und Schicksal. (0385) Von G. Haddenbach, 160 S., Pappband. ●●

Die 12 Tierzeichen im chinesischen Horoskop
(0423) Von G. Haddenbach, 128 S., Pappband. ●

Sternstunden
für Liebe, Glück und Geld, Berufserfolg und Gesundheit. Das ganz persönliche Mitbringsel für Widder (0621), Stier (0622), Zwillinge (0623), Krebs (0624), Löwe (0625), Jungfrau (0626), Waage (0627), Skorpion (0628), Schütze (0629), Steinbock (0630), Wassermann (0631), Fische (0632) Von L. Cancer, 62 S., durchgehend farbig, Zeichnungen, Pappband. ●

Computer-Bücher und Software

Computer Grundwissen
Eine Einführung in Funktion und Einsatzmöglichkeiten. (4302) Von W. Bauer, 176 Seiten, 193 Farb- und 12 s/w-Fotos, 37 Computergrafiken, kart., ●●●
(4301) Pappband, ●●●●

Einführung in die Programmiersprache BASIC. (4303) Von S. Curran und R. Curnow, 192 S., 92 Zeichnungen, kart. ●●

Intelligenz in BASIC
für Schneider CPC 464/664/6128. Mit Diskette 3". (4320) Von K.-H. Koch, 160 S., 14 Zeichnungen, kart. ●●●●●

Lernen mit dem Computer. (4304)
Von S. Curran und R. Curnow, 144 S., 34 Zeichnungen, Spiralbindung, ●●

Garantiert BASIC lernen mit dem C 128
Mit kompletter Kurs-Diskette
(4321) Von A. Görgens, 288 S., 4 s/w-Fotos, 83 Zeichnungen, kart. ●●●●

Grundwissen Informationsverarbeitung
(4314) Von H. Schiro, 312 S., 59 s/w-Fotos, 133 s/w-Zeichnungen, Pappband. ●●●●●

Heimcomputer-Bastelkiste
Messen, Steuern, Regeln mit C 64-, Apple II-, MSX-, TANDY-, MC-, Atari- und Sinclair-Computern. (4309) Von G. A. Karl, 256 S., 160 Zeichnungen, kart. ●●●●

WORDSTAR 2000
Textverarbeitung für Einsteiger und Profis
Mit erprobten Anwendungen aus der Praxis.
(4317) Von D. Nasser, 200 S., 9 s/w-Fotos, 3 Zeichnungen, kart. ●●●●●

Drucker und Plotter
Text und Grafik für Ihren Computer.
(4315) Von K.-H. Koch, 192 S., 12 Farbtafeln, 5 s/w-Fotos, kart. ●●●●

Computergrafik
Von den Grundlagen bis zum perfekten 3 D-Programm. (4319) Von A. Brück, 296 S., 20 Farbtafeln, 180 s/w-Fotos, 50 s/w- Zeichnungen, 83 Listings, Pappband. ●●●●●

Textverarbeitung mit Home- und Personal-Computern
Systeme – Vergleiche – Anwendungen.
(4316) Von A. Görgens, 128 S., 49 s/w-Fotos, kart. ●●●●

Die tägliche PC-Praxis
Anwendungshilfen, Programme und Erweiterungen für MS-DOS-Computer
(4322) Von A. Görgens, 224 S., 25 Abbildungen, kart. ●●●●

dBase III
Einführung für Einsteiger und Nachschlagewerk für Profis. (4310) Von J. Brehm, G. A. Karl, 211 S., 23 Abb., kart. ●●●●●

FALKEN PC PRAXIS
Desktop Publishing
Setzen und Drucken auf dem Schreibtisch.
(4323) Von A. Görgens, 120 S., 11 s/w-Fotos, 72 Zeichnungen, kart. ●●●

FALKEN PC PRAXIS
WordStar Praxis professionell
Für die Versionen 3.4/3.45/4.0
Erweiterungen · Praxis-Tips · Datenaustausch · Desktop Publishing. (4324) Von A. Görgens, 172 S., 2 s/w-Fotos, 2 s/w-Zeichnungen, 116 s/w-Grafiken, kart. ●●●●

Die Super-Preisleistung

Die 100 bekanntesten und beliebtesten Volkslieder, mit wunderschönen Farbzeichnungen von Brian Bagnall, durchgehend farbig im Großformat als gebundener Pappband.

Kein schöner Land... Das große Buch unserer beliebtesten Volkslieder. (0001) Hrsg. von Norbert Linke, 208 Seiten, 118 Farbzeichnungen, Pappband.

Erschienen in der F. Bassermann'schen Verlagsbuchhandlung Nachf.